音声DL

解説がわかりやすい

イタリア語
文法

森田 学
Manabu Morita

白水社

―――― 音声ダウンロード ――――

　本書付属の音声は、白水社のウェブサイトで
一括ダウンロードまたはストリーミングすることができます。

https://www.hakusuisha.co.jp/news/kaisetsu_italiano/

カバーイラスト　鹿野理恵子

本文挿画　永窪啓紀

本文レイアウト・装丁　森デザイン室

まえがき

　本書は、イタリア語を初めて学ぶ人、なかでもしっかりとマスターしたい、という人のために書かれた学習参考書です。イタリア語を学ぼうと思ったきっかけはいろいろあるでしょうが、なかでも言葉の持っている音の美しさ、それを使うイタリアの人たちのオープンな性格などに魅了された人も少なくないと思います。私もイタリア語の美しさやイタリアの人たちのコミュニケーション力、そして何よりもイタリア語という言葉を使って営まれている社会から発信された芸術・文化に魅了されたひとりなのです。

　人と人とをつなぐ手立てである言葉を知りたいと思っている皆さんには、遅かれ早かれイタリア語がマスターできる日が来るはずです。そのための道しるべとして本書が役に立ってくれればと願っています。「イタリア語の仕組みを考えつつ理解すること」、「（特に本文で太字になっている）例文の状況を想像しながら声に出し、イタリア語を自分の言葉として体感すること」を心がけることで、皆さんにとっての語学学習がむずかしく面倒なものから、より身近なものへと変化してくれるはずです。

　一般に、イタリア語の発音は日本語話者にとって比較的やさしいと言われています。それは、つづりと音の関係がほぼ一対一だからです。つまり、書かれている通り（ローマ字式に）読むことができるということです。ですから、とりあえず読めればよい、用件を相手に伝えればよいという方は第10課までふってある「読みカナ」を頼りに、第1課から勉強をスタートしていただいてもかまいません。ただし、イタリア語の持つ美しい音や響きをマスターしたいという方はぜひ、くわしく解説をおこなった「はじめに」から始めていただければと思います。

　最後になりましたが、本書が完成するまで協力いただいた学兄、永窪啓紀さん、そして編集の鈴木美登里さんに心よりお礼申し上げます。

著　者

本書の構成と特徴

1. 全体は 30 課で構成され、数課ごとに学習ポイントの「まとめ」が付いています。

2. 1 課は 6 〜 8 ページ構成。各課 1 ページの練習問題が付いています。

3. カタカナ発音は、最初の 10 課だけに付いています。より自然な発音に近づけるようにアレンジされたカナがふられていますが、カナがなくても読めるように、最初の 10 課でしっかり発音ルールを身につけましょう。

4. カタカナ発音は、初心者用の目安にすぎません。付属の音声でイタリア語の実際の発音とリズムもしっかり身につけましょう。

5. とくに、きれいなイタリア語を身につけたい人は、オペラ歌手でもある著者による「はじめに　美しいイタリア語をマスターするために」を何度も聞きましょう。

6. 辞書を使いこなすことが、語学の力をつける早道です。練習問題を解くときには、辞書を徹底活用しましょう。

◇ 付属の音声について

「はじめに」や、第 1 〜 30 課の単語や例文、また🎧の付いた動詞活用や代名詞の表などを収録しています。第 6 課までは和訳も収録されています。

吹込者：アンドレア・チヴィーレ、モニカ・ビアジェッティ、森田学
演奏：森田学、山岸茂人
収録時間：79 分

はじめに　美しいイタリア語をマスターするために

・・

Uno, due, tre.
ウーノ　ドゥエ　トレ

いち、に、さん。

Che bella idea!
ケ　ベッラ　イデーア

なんて素敵な考えなの！

Sono di Como.
ソーノ　ディ　コーモ

私はコーモの出身です。

❶ この課で学ぶこと

・イタリア語の発音のしくみについて学ぶ。
・イタリア語の発音で使う音、単語の発音、そしてフレーズの発音について学ぶ。

・・

　イタリア語はつづりと音が基本的に1対1であるため、書いてある通りに読むことができます。つまりローマ字式に読むことができることから、英語やフランス語などと比べて読むのがやさしいと感じられます。この利点を活用しながらも、簡単だとたかをくくることなく、イタリア語の発音を徐々に身体と口に覚えこませていきましょう。

❖ アルファベット

Mi chiamo Andrea: a, enne, di, erre, e, a.
ミ　キャーモ　アンドレーア　ア　エンネ　ディ　エッレ　エ　ア

私はアンドレアと言います。a, n, d, r, e, a。

　イタリア語を書き記す際、通常21のアルファベット（イタリア語で Alfabeto）
を使います。電話などでつづり方などを伝えたい際は、主にイタリアの地名を添えて誤解のないようにします。
アルファベート

A di Ancona ア ディ　アンコーナ	**B** di Bologna ビ ディ　ボローニャ	**C** di Como チ ディ　コーモ	**D** di Domodossola ディ ディ　　ドモドッソラ
E di Empoli エ ディ　エンポリ	**F**　di Firenze エッフェ ディ フィレンツェ	**G** di Genova ヂ ディ チェーノヴァ	**H**　di Hotel* アッカ ディ　オテル
I di Imola イ ディ イーモラ	**L**　di Livorno エッレ ディ リヴォルノ	**M** di Milano エンメ ディ ミラーノ	**N**　di Napoli エンネ ディ ナーポリ
O di Otranto オ ディ オートラント	**P** di Palermo ビ ディ　パレルモ	**Q** di Quadro* ク ディ クワードロ	**R**　di Roma エッレ ディ ローマ
S　di Savona エッセ ディ サヴォーナ	**T**　di Torino ティ ディ トリーノ	**U** di Udine ウ ディ ウーディネ	**V** di Verona ヴ ディ ヴェローナ
Z　di Zara* ツェータ ディ ツァーラ			

*Hotel「ホテル」と Quadro「絵画」は地名ではありません。また、Zara はクロアチアの都市名（イタリア名）です。

この他に外来語などを表記する際に使う文字が 5 つあります。

> **J**（イッルンガ［i 'lunga]）　　　**K**（カッパ['kappa]）
> **W**（ドッピア・ヴ［doppia 'vu]）　**X**（イクス['iks]）
> **Y**（イプシロン['ipsilon]）

❖イタリア語の音　　　　　　　　　　　　　　　　　　　　◉DL-4

イタリア語の発音では、次の 30 の音（音素と言います）を使います。そのうち、母音は 7 つあります。

母　音　[a][ε][e][i][ɔ][o][u]

半子音　[j][w]

子　音　[p][b][t][d][f][v][s][z][ts][dz][tʃ][k][g][dʒ][m][n][ɲ][r]

[l][ʎ][ʃ]

❖イタリア語の母音

　イタリア語の母音は、a[a], e[ɛ][e], i[i], o[ɔ][o], u[u] の 7 つです。母音を表す文字は 5 つですが、音は 7 つあります。日本語の ［ア］［エ］［イ］［オ］［ウ］に近い音ですが、まったく同じではないので付属の音声を聞きながらよく練習してください。

　母音とは、肺から出される空気が障害物にその流れを大きく防げられることなく、口腔（口の中）を共鳴箱のようにして声帯の振動音を拡大して出す音です。ですから、一番よく聞こえる音が母音、という訳です。母音の音の違いは口腔内の舌の位置と口の開き方によって生じます。

　図を見てもわかるように、a[a], e[ɛ][e], i[i] を発音する時には舌が口腔の前の方に移動し、o[ɔ][o], u[u] を発音する時には舌が口腔の後ろの方に移動します。また、o[ɔ][o], u[u] の発音では、口唇が丸く前に出されることから、この 3 つの母音は円唇母音とも呼ばれます。

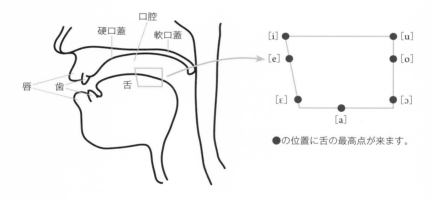

●の位置に舌の最高点が来ます。

　母音 [ɛ]/[e]/[ɔ]/[o] という開口音 / 閉口音の区別は、意味の取り違えが起きるような場合（例えば pesca ［ペスカ 'pɛska］「桃」と ［ペスカ 'peska］「魚釣り」）を除いては、ネイティヴであってもあまり意識せずに話すことも少なくないので、外国人である私たちが「通じる、通じない」のレベルでイタリア語を使う場合には、それほど意識する必要はないかもしれません。

　ただし、俳優や歌手、司会者のような職業を目指す人はしっかり使い分ける必要があるので、最初から意識するようにしましょう。

　この開口音と閉口音の区別は、アクセントのある音節でのみ行なわれ、アクセントのない音節ではすべて閉口音になります。

❖イタリア語の子音

　イタリア語の子音は、21 あります。子音とは、肺から出た空気が声帯を通過して音声になる過程で、何らかの障害物にぶつかって出る音のことです。呼気の進路がどこで／どのように妨げられるのかによって大体次のように分類されます。

　両唇を閉じて出す p[p]、b[b]、m[m]。上の歯を下の口唇に当てて出す f[f] と v[v]。音を出す時に舌が前の歯に当たる t[t]、d[d]、n[n]。舌が上の歯茎に当たる（または近づく）s[s][z]、z[ts][dz]、l[l]、r[r]。舌が口蓋の前の方（硬口蓋）について出る gl(i)[ʎ]、sc(i)[ʃ]、c[tʃ]、g[dʒ]、gn[ɲ]。息の通り道が口蓋の奥（軟口蓋）の方で妨げられる c[k]、g[g] があります。

　残念ながら調音方法を知るだけで正しい音が出せる訳ではないので、付属の音声を頼りに何度も練習をしてみてください。

　子音の発音で悩むもののひとつが c の発音でしょう。というのも、基本的にイタリア語では k の文字を使いません。つまり、[k] と [tʃ]（おおむね「カ行」と「チャ行」）の発音を、c の文字で表しているからです。とはいえ、ルールは簡単。ci, ce もしくは、ci に母音が続く場合（cia, ciu, cie, cio）では [tʃ]、それ以外（ca, cu, co）では [k] の発音になります。「カ行」で表せていない音 [キ] と [ケ] については、h の文字を挟み chi, che とします。

a	i	u	e	o	
ca カ		**cu** ク		**co** コ	⇒ **c** = [k]
	chi キ		**che** ケ		⇒ **ch** = [k]
	ci チ		**ce** チェ		⇒ **c** = [tʃ]
cia チャ		**ciu** チュ	**(cie)** チェ	**cio** チョ	⇒ **ci** = [tʃ]

　文字 g の読みについても c のルールがそのまま当てはまります（g は c の有声音）。

a	i	u	e	o	
ga ガ		**gu** グ		**go** ゴ	⇒ **g** = [g]
	ghi ギ		**ghe** ゲ		⇒ **gh** = [g]
	gi ヂ		**ge** ヂェ		⇒ **g** = [dʒ]
gia ヂャ		**giu** ヂュ	**(gie)** ヂェ	**gio** ヂョ	⇒ **gi** = [dʒ]

sc のつづりは、scia［シャ］sci［シィ］sciu［シュ］scie［シェ］scio［ショ］のように発音しますが、これにも c のルールが当てはまります。つまり、[s] + [k] の場合はそのまま [sk] となりますが、[s] + [tʃ] は [ʃ] に変化します。

a	i	u	e	o	
sca スカ		**scu** スク		**sco** スコ	⇒ **sc** = [sk]
	schi スキ		**sche** スケ		⇒ **sch** = [sk]
	sci シィ		**sce** シェ		⇒ **sc** = [ʃ]
scia シャ		**sciu** シュ	(**scie**) シェ	**scio** ショ	⇒ **sci** = [ʃ]

　イタリア語は、書いてある通りに発音するので、Ferrari や pizza のように子音が 2 つかさなれば（rr や zz は二重子音）、子音 2 個分しっかり発音します。
　Ferrari［フェッラーリ］　　×［フェラーリ］
　pizza［ピッツァ］　　　　×［ピザ］

　冒頭でも触れましたがイタリア語を読む際には、基本的にローマ字読みすれば通じますが、日本語ではあまり意識しない音の区別やローマ字読みとは少し違う読み方があるので注意してください。例えば r と l は、カタカナで読み方を書くと同じ音になってしまいますが、Ferrari［フェッラーリ］と Fellini［フェッリーニ］は同じ音ではありません。r と l の発音の区別をするようにしましょう。

> r は日本語の「ラ行」の時の発音に近い音です。語頭、二重子音、アクセントのある音節などでは（舌先が振動するいわゆる）「巻き舌」になることがあります。l は日本語では使わない音なので意識して発音しましょう。

　z は無声音（濁らない音）[ts] と有声音（濁る音）[dz] を表します。pizza の場合は濁らない音ですが、二重子音なので［ピッツァ］と子音をしっかり発音しましょう。ちなみに、pizza をピザ［piza］と発音すると、斜塔で有名な都市 Pisa になってしまうので注意してください。(z [dz] ≠ s [z])
　また、z と s の濁らない／濁るの発音は辞書で確認するようにしてください。ただし、casa「家」は辞書には濁らない［ˈkasa］発音で表記されていても、多くの人が［カーザ］と濁る発音をしているといった場合もあるので、最初のうちはあまり神経質にならなくてもよいでしょう。［カーサ］なのか［カーザ］なのかを悩む

よりも、basca［バスカ］「バスク人女性」と vasca［ヴァスカ］「水槽」の b と v を発音し分けてください。b と v の区別も日本語ではあまり意識されないので、イタリア語を発音する際には注意が必要です。

> s の濁らない／濁るについての目安
>   濁らないもの：語頭の s、二重子音 ss　　濁るもの：母音に挟まれた s（例外アリ）

　ローマ字読みとは少し違う読み方をするものを見てみると、tagliatelle［タッリャテッレ］の glia や lasagne［ラザンニェ］の gne、prosciutto［プロッシュット］の sciu などがあります。このような場合、2 つまたは 3 つの文字で、gl(i)[ʎ]、gn[ɲ]、sc(i)[ʃ] の音を表します。

> 正しい音は常に音声で確認してください。以下、発音の目安を示します。
>
> | **glia** | **gli** | **gliu** | **glie** | **glio** |
> | リャ | リィ | リュ | リェ | リョ |
> | **gna** | **gni** | **gnu** | **gne** | **gno** |
> | ニャ | ニィ | ニュ | ニェ | ニョ |
> | **scia** | **sci** | **sciu** | **scie** | **scio** |
> | シャ | シィ | シュ | シェ | ショ |

　先ほど、二重子音の話をしたように、牛乳 latte をイタリア語で言うと「ラテ」ではなく、「ラッテ」と言います。二重子音は常にしっかりと発音しなければなりません。この他に、イタリア語には強子音というのがあって、二重子音のように書かれていなくても、その直前に母音が来ると子音をしっかり発音しなければならない音があります。先ほどの、tagliatelle［タッリャテッレ］の(a)glia や lasagne［ラザンニェ］の(a)gne、prosciutto［プロッシュット］の(o)sciu などが強子音にあたります。

> イタリア語の強子音：z [ts][dz] / gl(i)[ʎ] / gn[ɲ] / sc(i)[ʃ]

❖音節とアクセント　　　　　　　　　　　　　　　　　　🔘DL-5

　言葉を発する時に、それ以上細かく分けて発音するのが難しい音のかたまりを音節（sillaba「音の束」の意）と言います。音節は言葉のリズムを生み出す上で大切
スィッラバ
な一要素ですからしっかりと音節の感覚、つまりリズム感を養うようにしましょう（くわしい音節の分かれ方については後述します）。

　音節は、通常、1 つの母音が音節の核となって、その前や後に子音を従えつつ形成されます。子音を全く従えない母音 1 つからなる音節もあります。いずれにして

も、音節の核となる母音を核母音と言います。音節内の最後の音が母音の場合には、その音節を開音節と言い、最後の音が子音の場合には、その音節を閉音節と言います。開音節にアクセントがある場合、（語末以外であれば）母音が長めに発音されます。

- 開音節：**a-mo-re**［ア・**モー**・レ］「愛」
- 閉音節：**in-tan-to**［イン・**タン**・ト］「その間に」（in と tan が閉音節）

　イタリア語では 2 音節以上の単語を発音する時、ある音節を他の音節よりも強く（音量を大きくして）発音します。この強調を単語アクセントと言います。とはいえ、強調する際には、アクセントの置かれる音節が長く発音されたり、高く発音されたりすることがあります。

　単語アクセントの位置は、単語の**後ろから 2 番目**の音節に置かれるものが多く、語末から 3 番目の音節に置かれるものもあります。また、単語末の音節にアクセントが置かれる場合には必ず、アクセント記号を付けなくてはいけません。このアクセント記号があるために、読む場合にはすぐに見分けがつきます。

①単語の後ろから 2 番目の音節にアクセントが置かれる単語
　　parola［パ・**ロー**・ラ］「単語」　　　　**piano**［**ピアー**・ノ］「静かな」

②語末から 3 番目の音節にアクセントが置かれる単語
　　camera［**カー**・メ・ラ］「部屋」　　　　**facile**［**ファー**・チ・レ］「簡単な」

③単語末の音節にアクセントが置かれる単語
　　caffè［カッ・**フェ**］「コーヒー」
　　università［ウ・ニ・ヴェル・スィ・**タ**］「大学」

動詞が活用したり、代名詞などがくっつくことで語末から 4 番目、5 番目の音節にアクセントが置かれるものもあります。例えば、càpitano「起こる」［動詞 capitare が活用したもの］やandiamocene「立ち去る」［andarsene が活用したもの］（「活用」については第 15 課参照）などがあります。

❖半子音と半母音

アクセントのある音節で、i や u に別の母音（核母音）が続く場合、本来発音されるべき音［i］と［u］が短縮されます。その結果、母音の特質をやや失い、［j］や［w］のように子音に近い音になります。例えば、fiore ['fjore] の i や uomo ['wɔmo] の u などが半子音にあたります。

それに対して、アクセントのある音節の核母音に i や u が続く場合、この後続する母音 i, u のことを半母音と言います。例えば、colei [ko'lɛi] の i や pausa ['pauza] の u などが半母音にあたります。

❖文の発音

イタリア語の文は、文法上の規則に従って単語が組み合わされて作られたものですが、個々の単語を機械的に発音していっただけでは、イタリア語の文を自然に発音することはできません。

例えば、「アンドレアはスウェーデン人の友人と一緒に映画を見に行きます。」という文を発音する場合、

Andrea va al cinema con un amico svedese.
アンドレーア　ヴァ　アル　チーネマ　　コン　ウン　アミーコ　ズヴェデーゼ

カナが振られている通り、単語単位で発音していっても意味は通じますが、イタリア語の流暢な発音にはなりません。というのも、イタリア語の文の発音では、アクセント・グループ（gruppo accentuale）と呼ばれる「意味のかたまり」ごとにつなげて発音するからです。「意味のかたまり」については、話し手の意識に関わる部分もあるので、完全なルールというのが常に存在するわけではありませんが、この文では次のように分かれます。

Andrea va al cinema ┊ con un amico svedese.
アンドレーア　ヴァアル　チーネマ　　コヌナミーコ　　ズヴェデーゼ

アンドレアは映画に行きます、スウェーデン人の友人と。

各グループ内で一番大切なアクセントはひとつですが、それに順ずるアクセントはグループの長さ（単語の数）によって複数あります。それぞれの単語アクセントを機械的に同じ強さで発音するのではなく、「何を、どのように」伝えたいかに応じて、それぞれの単語アクセントの強勢のかけ方（強・中強・微強）をコントロー

ルすると、より自然なイタリア語の発音が身につくでしょう。

❖音節の分かれ方　　　　　　　　　　　　　　　　　　　　　　◎DL-6

　イタリア語のことばのリズムを生み出す要素のひとつが音節です。イタリア北東部の町トリエステは、「ト・リ・エ・ス・テ」と5拍で発音するのではなく、音節数に従ってTri-e-steと3拍で発音することで、より正確なイタリア語に聞こえます。つまり、音節の分かれ方を把握することは、正確なイタリア語の発音にとって非常に大切なことです。

　以下、音節の分かれ方の大まかなルールを説明しておきます。

①母音で始まる単語に子音が続くとき
　・母音と子音の間で音節が分かれます。

　　o-no-re［**オ**・**ノー**・レ］「名誉」　　　　**i-do-lo**［**イー**・ド・ロ］「あこがれの人」

②単子音に母音が続くとき
　・子音と母音で1つの音節になります（ひらがなと同じ）。

　　ca-po［**カー**・ポ］「頭」　　　　**me-la**［**メー**・ラ］「リンゴ」

③綴り字が2、3文字あっても1つの子音の要素となるもの（半子音を含む）に母音が続くとき
　・二字音字、三字音字と母音で1つの音節になります。

　　ra-gio-ne［ラ・**ヂョー**・ネ］「道理」　　　　**fi-glia**［**フィッ**・リャ］「娘」
　　pe-sce［**ペッ**・シェ］「魚」

④子音字（b, c, f, g, t, v）と子音字（l, r）が連続するとき
　・2つの子音は後続する母音と1つの音節を作ります。

　　pro-ble-ma［プロ・**ブレー**・マ］「問題」　　　　**tre-no**［**トレー**・ノ］「列車」

⑤子音字 s に別の子音が続くとき
　・両者の間で音節を分かつことはできず、続く母音のグループと1つの音節を作ります。

　　pe-sca［**ペ**・スカ］「桃」　　　　**mo-stra**［**モ**・ストラ］「展覧会」

＊口語イタリア語の音声上は［pɛs-ka］、［mos-tra］のような音のグループを形成します。伝統的な舞台発音では、基本的に文字上の音節の分かれ方に従って発音します。

⑥２つの同じ子音字が連続する場合（二重子音）

・両者の間で音節が分かれます。

set-te［**セッ**・テ］「7」 **bas-so**［**バッ**・ソ］「低い」

oc-chio［**オッ**・キョ（'ɔkkjo)]「目」

⑦前述の④以外の２つの異なる子音が連続する場合

・両者の間で音節が分かれます（つまりこの子音の組み合わせで始まる音節はありません）。

can-to［**カン**・ト］「歌」 **sem-pre**［**セン**・プレ］「いつも」

⑧３つ、またはそれ以上の数の子音が連続する場合（先頭の子音が s の場合を除く）

・ほぼ、１つの子音＋④の組み合わせになるため、基本的に１つ目の子音と続く子音群との間で音節が分かれます。

pol-tro-na［ポル・**トロー**・ナ］「ひじかけイス」

com-ple-an-no［コン・プレ・**アン**・ノ］「誕生日」

＊２つ目の子音と３つ目の子音の間で音節が分かれるものもなくはありませんが、特殊なものです。例：tung-ste-no［トゥング・ステー・ノ］「タングステン」

⑨母音が連続する場合

・二重母音、三重母音を形成しないものは両者の間で音節が分かれます（母音分離 iato）。

pa-u-ra［パ・**ウー**・ラ］「恐れ」 **a-iu-to**［ア・**ユー**・ト］「助け」

＊二重母音とは「半子音＋母音」、「母音＋半母音」、三重母音とは「半子音＋母音＋半母音」もしくは「半子音＋半子音＋母音」のこと。

★ 次の単語やフレーズを付属の CD を聞きながら発音してみましょう。

1. gli spaghetti alle vongole　　　　あさりのスパゲッティ
　　リ　　スパゲッティ　　アッレ　　ヴォンゴレ

2. le tagliatelle al ragù　　　　　　ミートソースの平麺
　　レ　　タッリャテッレ　　アル　ラグ

3. la pastasciutta　　　　　　　　（ソースであえた）パスタ
　　ラ　　パスタッシュッタ

4. gli gnocchi al pesto genovese　ジェノヴァソースのニョッキ
　　リ　　ニョッキ　　アル　　ペスト　チェノヴェーゼ

5. un caffellatte　　　　　　　　　カフェラッテ
　　ウン　　カッフェッラッテ

6. una scheda telefonica　　　　　テレフォンカード
　　ウナ　　スケーダ　　テレフォーニカ

7. una cioccolata calda　　　　　　ホットチョコレート
　　ウナ　　チョッコラータ　　カルダ

8. Buongiorno.　　　　　　　　　　こんにちは。
　　ブオンヂョルノ

9. Arrivederci, a presto.　　　　　さようなら、近いうちに。
　　アッリヴェデルチ　ア　プレスト

10. Grazie mille.　　　　　　　　　どうもありがとう。
　　グラッツィエ　　ミッレ

イタリア語とは

　イタリア語はフランス語やスペイン語と同じようにラテン語から派生した言語です。この他にもイタリア語と姉妹関係にある言語には、ポルトガル語、ルーマニア語などがあります。

　イタリア語は 13 世紀後半以降、文学作品で使われたフィレンツェの言葉を中心にして形成されました。文語としては早いうちからその規範が定まっていましたが、口語としてのイタリア語（全土で共通するもの）が確立されるのはイタリア国家統一（1861 年）以後のことです。イタリアの各地で使われていたそれぞれの方言は、社会変動、学校教育、兵役制度などによって徐々に共通語化されていきました。

イタリアの方言

　イタリアには多くの方言があります。その違いは、日本語の方言よりも大きく、別の言語として扱われるものもあります。というのも、イタリア語の方言は共通するひとつの言語から派生したものではなく、イタリア各地で話されていたラテン語などの言語が長い時間をかけて変化してそれぞれ出来上がっていったものだからです。これは、イタリア語やその歴史を理解する上でとても重要なことです。

　また、イタリアの方言を大きく分類すると、「北部方言」「トスカーナ方言」「中・南部方言」の 3 つに分けられます。

　イタリアの方言と聞いてまず思い浮かぶのが、ナポリ民謡などで聞いたことのあるナポリ方言ではないでしょうか。「オ・ソレ・ミオ」や「帰れソレントへ」で歌われる歌詞は、単に方言というよりはナポリ語と言った方がよいかもしれません。場合によっては、イタリア語が理解できてもナポリ方言が理解できないこともあります。このような場合には、方言辞典を参照したり、ナポリ出身の人に教えてもらうとよいでしょう。

第 **1** 課　名詞の性

◎DL-8

Un cappuccino, per favore.
ウン　　　　カップッチーノ　　　　ペル　　ファヴォーレ

カプチーノを１つ、お願いします。

Vorrei una birra.
ヴォッレイ　　　ウナ　　　ビッラ

ビールを１つ、いただきたいのですが。

【語彙】un, una「ひとつの」／ cappuccino「カプチーノ」／ per favore「お願いします」／
vorrei「私は〜が欲しいのですが」（< volere「欲しい」）／ birra「ビール」

・・

❸ この課で学ぶこと

・名詞の性（男性・女性）について学ぶ。

➕ イタリア語の名詞の特徴①

　イタリア語の名詞には、性（男性・女性）があります。これはグループ
分けのようなもので、２つのグループがあると考えてください。イタリア
語の文法ではこの２つのグループを「男性名詞」「女性名詞」と呼びます。

　名詞の性は、ragazzo「少年」（男性）、figlia「娘」（女性）のように自然
　　　　　　　ラガッツォ　　　　　　　　　フィッリャ
界の性と一致することもありますが、libro「本」（男性）や rivista「雑誌」
　　　　　　　　　　　　　　　　　　リーブロ　　　　　　　　　　　リヴィスタ
（女性）のように言葉の世界のルールとして決められている名詞が多くを
占めています。まずこの区分けをしっかり覚えることがイタリア語マスタ
ーの第一歩です。

　名詞が男性名詞なのか女性名詞なのかは、以下の点に注意すれば見分け
ることができます。

① -o で終わるもの［男性名詞］

gelato「アイスクリーム」
チェラート

cappuccino「カプチーノ」
カップッチーノ

treno「列車」
トレーノ

soprano「ソプラノ歌手」
ソプラーノ

意味の上では女性を指す名詞であっても、言葉のルールとして男性名詞になるものもあるので注意してください。

② -a で終わるもの［女性名詞］

pizza「ピザ」
ピッツァ

penna「ペン」
ペンナ

mela「リンゴ」
メーラ

名詞の 75 パーセントが、この「-o は男性」「-a は女性」という法則に従っています。

③ -e で終わるもの［男性名詞・女性名詞］

「-e で終わる名詞」は男性・女性のいずれにもなり得ます。男性になるか女性になるかの確立はそれぞれ 50 パーセントです。以下、比較的容易に性を見分けることのできるルールを紹介します。

・-ore, -ale, -ile で終わるものはほぼ男性名詞

fiore「花」
フィオーレ

giornale「新聞」
チョルナーレ

campanile「鐘楼」
カンパニーレ

・-gione, -isione, -zione で終わるものはほぼ女性名詞

stagione「季節」
スタチョーネ

televisione「テレビ」
テレヴィズィオーネ

stazione「駅」
スタッツィオーネ

➕ 注意が必要な名詞

これまで見てきたルールでは名詞の性を見分けられないものもあります。このような名詞は un cappuccino や una birra のように「ひとつの」という単語とセットにして覚えてしまいましょう（詳しくは第 2 課参照）。

・-a で終わる男性名詞

（**un**）**problema**「問題」 （**un**）**programma**「予定」 （**un**）**tema**「主題」
　ウン　　プロブレーマ　　　　　ウン　　プログランマ　　　　　ウン　　テーマ

・-o で終わる女性名詞

（**una**）**mano**「手」 （**una**）**radio**「ラジオ」
　ウナ　　マーノ　　　　　ウナ　　ラーディオ

・-i で終わる女性名詞

（**una**）**tesi**「論文」 （**una**）**crisi**「危機」
　ウナ　　テーズィ　　　　　ウナ　　クリーズィ

➕ 外来語（フランス語を除く外来語は男性名詞）

　外来語は基本的にすべて男性名詞になります。sushi「寿司」や otaku「おたく」manga「漫画」といった名詞は外来語なのですべて男性名詞になります。

hotel「ホテル」　　**sport**「スポーツ」
オテル　　　　　　　スポルト
film「映画」　　**autobus**「バス」
フィルム　　　　　　アウトブス

単語の意味合いに影響されることで、外来語（子音で終わる名詞）でも email「e メール」のように女性名詞になるものもあります。また、tv（televisione）や foto（fotografia）のように省略されているものは、本来の名詞の性を引き継ぎます（この場合は女性名詞）。

　ただし、フランス語はイタリアの人たちにとってとても近い言語なので、フランス語の性をイタリア語でも適応させます。

croissant「クロワッサン」［男性名詞］
クロワッサン
brioche「ブリオッシュ」［女性名詞］
ブリオッシュ
bijou*「宝石」［男性名詞］
ビジュ

*「宝石」はイタリア式に bigiù とつづられることもあります。

➕ 職業名を表す名詞

職業名を表す名詞のうち、「師匠、先生」を意味する maestro/maestra（-o
→ -a）のように、単純に単語末の語尾を変えるだけで女性形を導き出せ
るものもあれば、以下のように法則性に則って導き出す名詞もあります。

・-tore → -trice

scrittore ／ **scrittrice**「作家」
スクリットーレ　　スクリットリーチェ
attore ／ **attrice**「俳優／女優」
アットーレ　　アットリーチェ

pittore ／ **pittrice**「画家」
ピットーレ　　ピットリーチェ

・男性名詞 → -essa

studente ／ **studentessa**「学生」
ストゥデンテ　　ストゥデンテッサ
professore ／ **professoressa**「教授」
プロフェッソーレ　　プロフェッソレッサ

poeta ／ **poetessa**「詩人」
ポエータ　　ポエテッサ

・男性・女性が同形

このタイプの名詞では、冠詞（第2課参照）や形容詞（第5課参照）が性
を見分ける手助けになります。

pianista ／ **pianista**「ピアニスト」
ピアニスタ　　ピアニスタ
insegnante ／ **insegnante**「教師」
インセニャンテ　　インセニャンテ

➕ 人や動物を表す名詞

人や動物を表す名詞の多くは、職業名を表す名詞同様、男性形と女性形
があります。

ragazzo「少年」／ **ragazza**「少女」
ラガッツォ　　ラガッツァ
nonno「祖父」／ **nonna**「祖母」
ノンノ　　ノンナ
gatto*「猫」／ **gatta**「雌猫」
ガット　　ガッタ

*gatto は「猫（全般）」と「雄猫」を表し、gatta は「雌猫」を表します。

ただし、動物に関しては panda「パンダ」(男性)や giraffa「キリン」(女性)のように性が固定しているものも少なくありません。また、人間を表す名詞でも、gente「人々」(女性)や popolo「人民」(男性)のように性を判断し難い(どちらも含んでいる可能性のある)ものであっても、性が決められています。

イタリア人の名前

　イタリア人の名前は、基本的にキリスト教に関係するもの、ギリシャ・ローマ神話、歴史上の人物からとられるのが一般的です。
　Paolo や Francesca のように、-o で終わるものは男性の名前、-a で終わるものは女性の名前であることがほとんどです。とはいえ、普通名詞と同じように Luca や Andrea のように -a で終わっていても男性の名前だったり、Giovanni や Ettore のように -i や -e で終わる名前(いずれも男性)もあります。

★ 練習問題

以下の名詞のなかで男性名詞はどれでしょう。

1. libro「本」
   リーブロ

2. rivista「雑誌」
   リヴィスタ

3. giornale「新聞」
   ヂォルナーレ

4. bicchiere「コップ」
   ビッキェーレ

5. chiesa「教会」
   キェーザ

6. università「大学」
   ウニヴェルスィタ

7. hotel「ホテル」
   オテル

8. fermata「停留所」
   フェルマータ

9. stazione「駅」
   スタッツィオーネ

10. foto「写真」
    フォート

解答は P.228

◉ DL-9

Un caffè, per favore.
ウン　カッフェ　ペル　ファヴォーレ
コーヒーを１つ、お願いします。

- Ecco il caffè.
エッコ　イル　カッフェ
– はい、（ご注文の）コーヒーです。

【語彙】caffè［男］「コーヒー」（イタリアではエスプレッソコーヒーを指す）／ ecco［副］
「これが〜です」

● **この課で学ぶこと**

・冠詞（不定冠詞と定冠詞）について学ぶ。

・冠詞には、「特定のものを指さない」不定冠詞と、「特定のどれかを指す」
　定冠詞がある。

● **冠詞とは**

　冠詞とは名詞に付けられるもので、基本的に名詞の前に置かれます。男
性名詞には男性名詞用の冠詞を、女性名詞には女性名詞用の冠詞を使いま
す。文法事項として覚えることは増えますが、冠詞を見れば名詞の性を容
易に判断することができます。また、冠詞があることで、名詞が話し手に
よってどのように捉えられているのかを表すこともできます。

　本課では、イタリア語で主に使う冠詞、不定冠詞と定冠詞について学ん
でいきましょう。

⊕ 不定冠詞 （Articolo indeterminativo）

　不定冠詞は「特定のどれ」というのではない「ひとつの」という意味を表します。例文の「コーヒーを1つ、お願いします。」の un caffè は（話し手の念頭にある）特定のコーヒーではないので、不定冠詞が使われています。

	単数	
男性	**un** caffè ウン　カッフェ	ほとんどの男性名詞（母音で始まるものを含む）
	uno zaino ウノ　ツァイノ	「s＋子音」や x、y、z、gn、pn で始まる男性名詞
女性	**una** pizza ウナ　ピッツァ	子音で始まるすべての女性名詞
	un'amica ウナミーカ	母音で始まる女性名詞

①男性名詞に付ける不定冠詞は基本的に un

　zaino「リュックサック」のように z で始まるもの、studente「学生」のように「s＋子音」で始まる男性名詞の前では、発音上の理由で **uno** となります。

②女性名詞に付ける不定冠詞は基本的に una

　amica「女の子の友人」のように母音で始まる女性名詞の前では、発音上の理由で **un'** となります（una の a が省略される）。

⊕ 定冠詞 （Articolo determinativo）

　定冠詞は「特定のどれ」かがはっきりしていることを示します。単数であれば「ひとつのそれ」といった意味になります（複数については第3章参照）。

　さきほど、不定冠詞と定冠詞のどちらを使うのかという説明をしましたが、実際の会話では不定冠詞と定冠詞の両方を使い分ける場合もあります。つまり状況に応じてどちらにもなりうる場合を見てみましょう。例えば、

「通りの向こう側にバールがあります。Dall'altra parte della strada c'è **un bar.**」という文では、話し手はバールが「どのようなバールなのか」「どのバールなのか」といったことを特定していません。飲み物を飲んだり、軽食をつまめる場所がそこにはあると言っているのです。その一方で、「通りの向こう側にあのバールがあります。Dall'altra parte della strada c'è **il bar.**」という文では、話し手と聞き手の間の共通認識として話題になっているのは「あのバールだ」ということを表します。このように、名詞の指し示すものが相手にも特定できそうな場合には定冠詞を使います。

		単数
男性	**il** gelato イル ヂェラート	子音で始まるほとんどの男性名詞
	l'albero ラルベロ	母音で始まる男性名詞
	lo zaino ロ ヅァイノ	「s＋子音」や x、y、z、gn、pn で始まる男性名詞
女性	**la** pizza ラ ピッツァ	子音で始まるすべての女性名詞
	l'amica ラミーカ	母音で始まる女性名詞

il は、発音上の理由で次に来る音に応じて **l'**, **lo** といったかたちになります。

　その他、la luna「月」や il sole「太陽」のように自然界にもともと 1 つしか存在しないものには原則として定冠詞を付けます。また、il gatto di Aya「彩の（飼っている）猫」のように限定されている場合にも定冠詞を付けます。

【男性名詞】

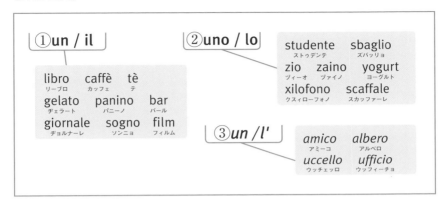

①子音で始まるほとんどの男性名詞
②「s＋子音」や x、y、z、gn、pn で始まる男性名詞
③母音で始まる男性名詞

【女性名詞】

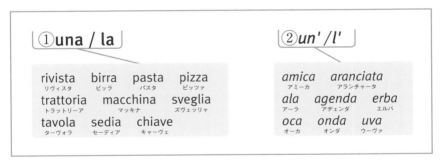

①子音で始まるすべての女性名詞
②母音で始まる女性名詞

➕ 定冠詞を付ける名詞

　固有名詞のように文脈に関係なく常に「その〜」のように特定化できる名詞があります。ここではそのような名詞の性（男性・女性）と定冠詞について見ていきましょう。

・国名

l'Italia［女］「イタリア」　　　**la Francia**「フランス」
リターリア　　　　　　　　　　　　ラ　フランチャ
il Portogallo「ポルトガル」　　**il Giappone**「日本」
イル　ポルトガッロ　　　　　　　　イル　ヂャッポーネ
la Corea「韓国」
ラ　コレーア

・大陸名［女］

l'America「アメリカ大陸」　　　**l'Africa**「アフリカ大陸」
ラメーリカ　　　　　　　　　　　　ラフリカ
l'Europa「ヨーロッパ大陸」
レウローパ
大陸そのものではなく、その地域を表すこともあります。

・河川名［男］

il Po　「ポー川」　　　　　　　**l'Arno**「アルノ川」
イル　ポ　　　　　　　　　　　　　ラルノ
il Tone　「利根川」
イル　トネ

・湖名［男］

il Garda　「ガルダ湖」　　　　　**il Biwa**　「琵琶湖」
イル　ガルダ　　　　　　　　　　　イル　ビワ

・山名

il Fuji　「富士山」　　　　　　**il Monte Bianco**　「モンブラン」
イル　フジ　　　　　　　　　　　　イル　モンテ　ビアンコ

・州名

la Liguria　「リグーリア州」　　**la Toscana**　「トスカーナ州」
ラ　リグーリア　　　　　　　　　　ラ　トスカーナ
il Lazio　「ラッツィオ州」　　　**l'Umbria**　「ウンブリア州」
イル　ラッツィオ　　　　　　　　　ルンブリア

・海名［男］

l'Oceano Pacifico 「太平洋」 **il Mediterraneo** 「地中海」
ロチェアノ　パチフィコ　　　　　　　イル　メディテッラーネオ

l'Adriatico 「アドリア海」 **il Tirreno** 「ティレニア海」
ラドリアーティコ　　　　　　　　　　イル　ティッレーノ

都市名も固有名詞ですが、都市名には冠詞を付けずに、Milano、
ミラーノ
Roma、Londra（ロンドン）、Parigi（パリ）のように使います。ただし、
ローマ　　ロンドラ　　　　　　　　　パリーヂ
La Spezia、L'Aquila のような例外もあるので注意してください。
ラ　スペッツィア　　ラグィラ

・略称

　　団体名などを略称で言う場合も、正式名称の名詞の性に応じた定冠
詞を付けます。

l'ONU 「国連」**Organizzazione delle Nazioni Unite**［女］
ローヌ

　　Organizzazione（組織・機構）は女性名詞。

la FIFA「国際サッカー連盟」
ラ　フィーファ

Fédération Internationale de Football Association

　　Fédération は外来語ですがフランス語［女］なので女性名詞扱い。

la RAI 「イタリア放送協会」
ラ　ラーイ

Radio Audizioni Italiane（現在は Radio Televisione Italiana）

　　Società（協会）が略されているため女性名詞。

・敬称や肩書き

　　人名のうち、肩書きや敬称（signora「〜夫人」や Dottore「（大学
スィニョーラ　　　　　　　　　ドットーレ
卒業者に対して）〜さん」）のついた名前の前には定冠詞を付けます。

il signor Zaccheroni 「ザッケローニさん」
イル スィニョール ヴァッケローニ

la signora Teresa 「テレーザ夫人」
ラ　スィニョーラ　テレーザ

il professor Fabbri 「ファッブリ先生」
イル　プロフェッソル　ファッブリ

signore, professore など、-re で終わる男性名詞は後に固有名詞が続く場合、語末母音 e を落
とします。

　　ただし、呼びかけの場合には付けません。

Signora Bianca, come sta? 「ビアンカ夫人、お元気ですか？」
スィニヨーラ　ビアンカ　コメ　スタ

・曜日

lunedì 「月曜日」
ルネディ

martedì 「火曜日」
マルテディ

mercoledì 「水曜日」
メルコレディ

giovedì 「木曜日」
ヂョヴェディ

venerdì 「金曜日」
ヴェネルディ

sabato 「土曜日」
サーバト

domenica 「日曜日」
ドメーニカ

　曜日（giorno［男］）は基本的に男性名詞で、日曜日だけ女性名詞に
ジョルノ
なります。「〜曜日に」と言う場合、冠詞を付けずに使ったり、「今週」
を意味する questo や questa と一緒に使います。La domenica のよう
クエスト　　　クエスタ
に定冠詞を付けると、「毎週〜曜日」という意味になります。

　La domenica vado in chiesa.　　毎週日曜日、教会に行きます。
　ラ　　ドメーニカ　　ヴァード　イン　キェーザ
　（Questa）domenica vado in chiesa.　（この）日曜日、教会に行きます。
　クエスタ　　　ドメーニカ　　ヴァード　イン　キェーザ

・月

gennaio 「1月」
ヂェンナーイオ

febbraio 「2月」
フェッブラーイオ

marzo 「3月」
マルツォ

aprile 「4月」
アプリーレ

maggio 「5月」
マッヂョ

giugno 「6月」
ヂュンニョ

luglio 「7月」
ルッリョ

agosto 「8月」
アゴスト

settembre 「9月」
セッテンブレ

ottobre 「10月」
オットーブレ

novembre 「11月」
ノヴェンブレ

dicembre 「12月」
ディチェンブレ

　月（mese［男］）はいずれも男性名詞です。英語と違って小文字表
メーゼ
記なので注意してください。「〜月に」と言う場合、前置詞の in もし
くは di を使います。

・季節

primavera 「春」［女］
プリマヴェーラ

estate 「夏」［女］
エスターテ

autunno 「秋」［男］
アウトゥンノ

inverno 「冬」［男］
インヴェルノ

　季節（stagione［女］）は、春と夏が女性名詞、秋と冬が男性名詞に
スタヂョーネ
なります

★ 練習問題

次の名詞に不定冠詞と定冠詞を付けてみましょう。

名詞	不定冠詞	定冠詞
1. bocca　口	(　　) bocca	(　　) bocca
2. sole　太陽［男］	(　　) sole	(　　) sole
3. ananas　パイナップル	(　　) ananas	(　　) ananas
4. aranciata　炭酸オレンジジュース	(　　) aranciata	(　　) aranciata
5. specchio　鏡	(　　) specchio	(　　) specchio
6. caffellatte　コーヒー牛乳	(　　) caffellatte	(　　) caffellatte
7. hotel　ホテル	(　　) hotel	(　　) hotel
8. stazione　駅［女］	(　　) stazione	(　　) stazione
9. yogurt　ヨーグルト	(　　) yogurt	(　　) yogurt
10. zaino　リュックサック	(　　) zaino	(　　) zaino
11. pizza　ピザ	(　　) pizza	(　　) pizza
12. gelato　アイスクリーム	(　　) gelato	(　　) gelato
13. chiave　鍵	(　　) chiave	(　　) chiave
14. giornale　新聞	(　　) giornale	(　　) giornale
15. dizionario　辞書	(　　) dizionario	(　　) dizionario

解答は P.228

◉DL-11

Un cappuccino e un'aranciata, per favore.

ウン　　カップッチーノ　　エ　　ウナ ランチャータ　　　ペル　　ファヴォーレ

カプチーノ１つと炭酸オレンジジュースを１つ、お願いします。

Prendiamo due cappuccini e due aranciate.

プレンディアーモ　　ドゥエ　　カップッチーニ　　エ　ドゥエ　　アランチャーテ

カプチーノ２つと炭酸オレンジジュースを２つにします。

【語彙】e「そして」／ aranciata［女］「炭酸オレンジジュース」／ prendiamo「私たちは〜をとります」（< prendere「取る」）

❸ この課で学ぶこと

・数えられる名詞の単数形と複数形について学ぶ。

➕ 数（numero）
ヌーメロ

　イタリア語では、文法上、人やモノの数が１つ（単数 singolare）なのか、
スィンゴラーレ
２つ以上（複数 plurale）なのかを明確に区別します。
プルラーレ

　この課では「名詞の数」について見ていきます。

➕ イタリア語の名詞の特徴②

　第１課で、イタリア語の名詞はすべて「男性」「女性」という２つのグループに区分されていることを学習しました。これは言葉の世界でのルールなので、自然の性と一致するものもあれば、そうでないものもあります。

　また、名詞が数えられる名詞の時には、１つ（単数）なのか、２つ以上（複

数）なのかで区別します。名詞が男性名詞なのか女性名詞なのかは、あらかじめ文法上決められているので基本的に変化しませんが、名詞の「数（単数／複数）」については状況によって変化するので常に意識するようにしましょう。

	単数	複数	名詞の語尾変化
男性名詞	libro 「本」 リーブロ giornale 「新聞」 ヂョルナーレ	libri リーブリ giornali ヂョルナーリ	-o → -i -e → -i
女性名詞	rivista 「雑誌」 リヴィスタ chiave 「鍵」 キャーヴェ	riviste リヴィステ chiavi キャーヴィ	-a → -e -e → -i

-e で終わる名詞は、男性名詞でも女性名詞でも単数形 -e、複数形 -i となります。名詞の性や数を覚えるまでは、riviste が女性名詞の複数形で chiave が女性名詞の単数形だということが瞬時に見分けられないかもしれません。この点については、名詞を冠詞とセットで覚えていくことで身についていきます。

➕ 単数形と複数形で語尾が変化しないもの

①子音で終わる名詞

bar 「バール」、**hotel** 「ホテル」、**yogurt** 「ヨーグルト」 など
バール　　　　　　　　オテル　　　　　　　　　ヨーグルト

②アクセントのある音節で終わる名詞

caffè 「コーヒー」、**città** 「町」、**virtù** 「徳」 など
カッフェ　　　　　　　チッタ　　　　　　ヴィルトゥ
必ずアクセント記号を語末の母音に付けます。

③１音節の名詞

re 「王」、**gru** 「鶴」 など
レ　　　　グル

④外来語

brioche 「ブリオッシュ」、**smartphone** 「スマートフォン」、
ブリオッシュ　　　　　　　　　　　　ズマルトフォン

coca「コカ・コーラ」など
コーカ

外来語ではあってもフランス語の場合、その言語の文法にならって brioches とすることもありますが、外来語では基本的に単数・複数による語尾変化はありません。

⑤ -i で終わる名詞

brindisi「乾杯」、**tesi**「論文」、**crisi**「危機」など
ブリンディズィ　　　　テーズィ　　　　クリーズィ

⑥ -ie で終わる女性名詞の多く

serie「シリーズ」、**specie**「種類」など
セーリエ　　　　　　スペーチェ

⑦省略された名詞

foto「写真」、**auto**「車」、**radio**「ラジオ」、**cinema**「映画」など
フォート　　　　　アウト　　　　　ラーディオ　　　　　チーネマ

　さきほど、単数形と複数形を区別するのは「数えられる名詞」の場合と説明しました。このように数えられる名詞のことを「可算名詞」、数えられない名詞のことを「不可算名詞」と言います。基本的に形状（物の輪郭）がはっきりしているもの（libro「本」、borsa「バッグ」など）が数えられる名詞、形状がぼやけているもの（aria「空気」、acqua「水」など）が数えられない名詞になります。ただし、この区別はイタリア語ネイティヴが感覚的に捉えるものなので、どちらかはっきりしない名詞については個別に覚えるようにしましょう。

数えられない名詞の例：acqua「水」、formaggio「チーズ」、olio「油」、vino「ワイン」、luce「光」、抽象名詞 felicità「幸福」など

ただし、不可算名詞がその種類を示す場合には複数形をとります。
　I vini toscani sono i migliori.「トスカーナワインは最高だ。」

➕ 複数名詞と冠詞

　第 2 課で学習したように、不定冠詞は「特定のどれ」というのではな

い「ひとつの」という意味を表すために使います。ですから、基本的に不定冠詞には単数形しかありません。「特定のどれ」かがはっきりしない複数のものには不定冠詞は付けません。

一方、定冠詞は「特定のどれ」かがはっきりしていることを表します。ですから、「ひとつのそれ」、「1 グループのそれ」、「それら」といった意味になります。

◉DL-12

		単数	複数	
男性		**il gelato** イル チェラート	**i gelati** イ チェラーティ	子音で始まるほとんどの男性名詞
		l'albero ラルベロ	**gli alberi** リィ アルベリ	母音で始まる男性名詞
		lo zaino ロ ヅァイノ	**gli zaini** リ ヅァイニ	「s＋子音」、x、y、z、gn、pn で始まる男性名詞
女性		**la pizza** ラ ピッツァ	**le pizze** レ ピッツェ	子音で始まるすべての女性名詞
		l'amica ラミーカ	**le amiche** レ アミーケ	母音で始まる女性名詞

単数形と複数形で性が変わる名詞

本文では、「イタリア語の名詞の性があらかじめ定められているので、性が変化することはない」と説明しました。ただし、ごく稀に l'uovo「卵」のように、単数形では男性名詞、複数形では女性名詞になる単語があります。

単数形［男］l'uovo　　　　　　複数形［女］le uova
　　　　　　il paio「一対」　　　　　　　　le paia「（複数の）ペア」
　　　　　　il centinaio「約 100」　　　　le centinaia「数百」

★ 練習問題

次の会話文のなかから名詞を抜き出してみましょう。また、それが単数形か複数形か答えましょう。次に、見つけた名詞が単数形であれば複数形に、複数形であれば単数形にしてみましょう。

RYOKO : Vorrei ordinare, per favore.
ヴォッレイ　オルディナーレ　　ペル　ファヴォーレ
注文したいのですが、お願いします。

CAMERIERE : Prego. Cosa vi porto?
プレーゴ　コザ　ヴィ　ポルト
どうぞ。何をお持ちいたしましょうか？

RYOKO : Da bere una bottiglia di vino bianco, per favore.
ダ　ベーレ　ウナ　ボッティッリャ　ディ　ヴィーノ　ビアンコ　ペル　ファヴォーレ
飲み物は、白ワインをボトルで1本、お願いします。

CAMERIERE : Bene.
ベーネ
かしこまりました。

RYOKO : E poi, ci porti due piatti di spaghetti alle vongole e una
エ　ポイ　チ　ポルティ　ドゥエ　ピアッティ　ティ　スパゲッティ　アッレ　ヴォンゴレ　エ　ウナ
porzione di frittura mista, per favore.
ポルツィオーネ　ティ　フリットゥーラ　ミスタ　ペル　ファヴォーレ
それからアサリのスパゲッティを2皿とミックスフライを1人前、お願いします。

CAMERIERE : Grazie. Torno subito.
グラッツィエ　トルノ　スービト
ありがとうございます。すぐにお持ちします。

解答は P.228

数字（基数）を覚えよう

◉ DL-13

0 zero	1 uno	2 due	3 tre
4 quattro	5 cinque	6 sei	7 sette
8 otto	9 nove	10 dieci	

11 undici	12 dodici	13 tredici	14 quattordici
15 quindici	16 sedici	17 diciassette	18 diciotto
19 diciannove	20 venti	21 ventuno	22 ventidue
23 ventitré	24 ventiquattro	25 venticinque	26 ventisei
27 ventisette	28 ventotto	29 ventinove	30 trenta　[...]

40 quaranta	50 cinquanta	60 sessanta	70 settanta
80 ottanta	90 novanta	100 cento	
101 centouno	102 centodue	[...]	
200 duecento	[...]　　1000 mille	1001 milleuno　　[...]	
2000 duemila	[...]　　100000 un milione		

・21 以上の数字をアルファベットで表記する際には、それぞれの位の数字（10 の位
　20 と 1 の位 4 ＝ ventiquattro など）を基本的につなげて表記します。
・1 の位が 1 と 8 になる数字（21, 28, 31, 38, 41, 48 など）では 10 の位の末母音が
　省略されます（trentuno, trentotto, quarantuno, quarantotto など）。
・23、33、43 などの 3 で終わる数字には、e の上にアクセント記号が付きます。
・100 以上の数字でも、それぞれの位の数字を基本的につなげて表記します（101
　を除く）。ただし、100 と 1000 の桁で、例えば 102 や 1001 を表記する際には、
　centodue, milleuno とすることも、cento e due, mille e uno（間に接続詞 e を挟む）
　とすることもできます。
・100 万の桁では、un milione, due milioni のように、分けて表記します。

動詞essereとavere、主語の人称代名詞

◉DL-14

La vita è bella.　人生はすばらしい。
ラ　ヴィータ　エ　　ベッラ

Ho sonno.　私は眠い。
オ　　　ソンノ

Io sono giapponese e lui è italiano.
イオ　ソーノ　　　ヂャッポネーゼ　　エ　ルイ　エ　イタリアーノ

　　　私は日本人で、彼はイタリア人です。

· ·

❸ この課で学ぶこと
・主語になる人称代名詞について学ぶ。
・動詞 essere と avere の活用と使い方を覚える。

➕ 人称とは
　人称とは、コミュニケーションを図る際の関係性を 3 つのグループに
分けたもので、基本的に 1 人称は「話をする人」、2 人称は「話しかけら
れた人」、3 人称は「それ以外」です。それぞれの人称には単数形と複数
形があります。

➕ 主語になる人称代名詞

	単　　数		複　　数	
1人称	**io** イオ	私は	**noi** ノイ	私たちは
2人称	**tu** トゥ	君は	**voi** ヴォイ	君たちは／あなた方は
3人称	**lui** ルイ **lei** レイ	彼は 彼女は	**loro** ローロ	彼らは／彼女たちは
敬称	**Lei** レイ	あなたは	**Loro*** ローロ	あなた方は

便宜上、「私は」や「君は」と訳してありますが、io は「僕は」「俺は」、tu は「あんたは」「あなたは」となることもあります。また、文語では 3 人称に esso、essa、essi、esse を使うことがあります。

　2 人称単数では、親しい間柄とフォーマルな間柄で言い方を区別します。
　フォーマルな間柄で使う「敬称」は、人称の考え方から言えば 2 人称ですが、形式上 3 人称単数女性 Lei（書くときは l は大文字）の形を使います。この敬称の「Lei」は、自分よりも年齢のかなり高い人、まだよく知らない間柄の人、社会的に要職にある人などに対して使います（本書では表の見やすさを考慮して 3 人称の近くに配置しました）。また、敬称の 3 人称複数 Loro の形は、現代イタリア語ではあまり使われず、2 人称複数 voi の形を使います。

➕ 動詞 essere と avere

　イタリア語の動詞は人称に応じて形を変化させます。これを動詞の活用と言います。essere や avere のように活用していない形を「不定詞（もしくは原形）」と言います。辞書には、不定詞の形（原形）で記されています。

	essere「～である」 エッセレ	avere「～を持っている」 アヴェーレ
io	sono ソーノ	ho オ
tu	sei セイ	hai アイ
lui / lei / Lei	è エ	ha ア
noi	siamo スィアーモ	abbiamo アッビャーモ
voi	siete スィエーテ	avete アヴェーテ
loro	sono ソーノ	hanno アンノ

　essere は英語で言うところの be 動詞、avere は have に相当します。ただし、英語と使い方が全く同じというわけではないので注意してください。以下、イタリア語での使い方を例文で見ていきましょう。

Luisa è una studentessa.　ルイーザは（女子）学生です。
ルイーザ　エウナ　ストゥデンテッサ

Maurizio è simpatico.　マウリツィオは感じのいい人です。
マウリッツィオ　エ　スィンパーティコ

Luca è in ufficio.　ルカは事務所にいます。
ルカ　エ　イヌッフィーチョ

Teresa ha un cane.　テレーザは犬を 1 匹飼っています。
テレーザ　アゥン　カーネ

Martina ha 11 anni.　マルティーナは 11 歳です。
マルティーナ　ア　ウンディチァンニ

Luigi ha sete.*　ルイージはのどが渇いています。
ルイーヂ　ア　セーテ

* avere sete で「のどが渇いている」という意味です。他に avere fame「お腹が空いている」、avere sonno「眠たい」などの表現があります。

➕ **主語人称代名詞の省略**

　イタリア語では通常、動詞を人称によって 6 通りに変化させるため、動

詞の活用形から主語の人称が明白になります。このため、とくに主語を強調したり、「私は〜だけど、君は〜」のように主語を対比させる場合を除いて、主語の人称代名詞を省略することが少なくありません。もちろん、人称代名詞ではなく具体的に Salvatore è un cantante lirico.「サルヴァトーレ」エ ウン カンタンテ リーリコ
ーレはオペラ歌手です。」のように主語が名前で示される場合や、主語の人称代名詞を示さなければ文意がはっきりしない場合には省略しません。

➕ 「〜がある」「〜がいる」 🔊 DL-16

　人や動物を指して「〜がいる」、物などを指して「〜がある」という表現では、「c'è 〜」「ci sono 〜」と言います。前者は存在するものが単数の場合、後者は複数の場合に使う形です。

C'è + 単数名詞	**C'è una pizzeria.**　ピザ屋が一軒あります。 チェ ウナ ピッツェリーア
Ci sono + 複数名詞	**Ci sono tanti bambini.**　たくさんの子供がいます。 チ ソーノ タンティ バンビーニ

c'è（< ci + è）

➕ 否定文と疑問文

　イタリア語では、動詞の前に否定を表す non を置くことで否定文を作ることができます。

［否定文］

Io non sono italiana. Sono giapponese.
イオ ノン ソーノ イタリアーナ ソーノ ヂャッポネーゼ
　　　　　　　　　　　　　　　　　　　　　私はイタリア人ではありません。日本人です。

Antonella non ha fratelli.　アントネッラには兄弟がいません。
アントネッラ ノナ フラテッリ

I bambini non hanno più* fame.　子供たちはもうお腹が空いていません。
イ バンビーニ ノナンノ ピウ ファーメ
*「non ＋動詞 ＋ più」で「もう〜ない」の意

Non c'è niente. 何もありません。
ノン　チェ　ニエンテ

[疑問文]

　「はい」か「いいえ」で答える疑問文の場合、平叙文と全く同じ語順で
疑問文にすることができます。会話では質問していることが分かるように
文末を上げます。書くときには、文末に疑問符（？: punto interrogativo）
　　　　　　　　　　　　　　　　　　　　　　　プント　　インテッロガティーヴォ
を付けます。否定文を疑問文にする否定疑問の場合も同じです。

Maurizio è simpatico? 彼（マウリツィオ）は感じがいい人ですか？
マウリッツィオ　エ　スィンパーティコ
- Sì, è simpatico. - はい、彼は感じがいいです。
スィ　エ　スィンパーティコ
- No, non è simpatico. - いいえ、彼は感じのよくない人です。
ノ　ノネ　スィンパーティコ

[否定疑問文]

Antonella non ha fratelli? アントネッラには兄弟がいませんか？
アントネッラ　ノナ　フラテッリ
- No, non ha fratelli. - そうなんです、彼女には兄弟がいません。
ノ　ノナ　フラテッリ
- Sì, ha un fratello e una sorella.
スィ　アウン　フラテッロ　エウナ　ソレッラ
　　　　　　　　　　　　　- そんなことはありません、兄と姉が１人ずついます。

　　否定疑問でたずねられたときは、単純に、Sì（はい）か No（いいえ）
をたずねられているだけです。例に挙げた文 Antonella non ha fratelli?
「アントネッラには兄弟はいないの？」という質問に答える場合、兄弟が
いれば「Sì」で答え、兄弟がいなければ「No」で答えるという単純なし
くみになっています。日本語の訳で考えないようにしましょう。

★ 練習問題 1

以下の空欄に essere と avere の活用形を書きましょう。

	① essere	② avere
io		ho
tu	sei	
lui/lei/Lei		ha
noi	siamo	
voi		avete
loro	sono	

★ 練習問題 2

（　　）に入る主語人称代名詞を答えましょう。

1. （　　　　） sono giapponese, e tu?　　私は日本人だけど、あなたは？

2. Signora Blanche, （　　　　） è francese?

　　　　　　　　　　　ブランシュ夫人、あなたはフランス人ですか？

3. （　　　　） avete freddo?　　あなたたちは寒いですか？

4. （　　　　） abbiamo fame.　　私たちはお腹が空いています。

解答は P.228

◉DL-17

Giovanni è alto e forte.

ジョヴァンニ　エ　アルト　エ　フォルテ

ジョヴァンニは背が高くて力持ちです。

Anna è bionda ed elegante.

アンナ　エ　ビヨンダ　エデレガンテ

アンナは金髪で上品（な女性）です。

Giovanni e Anna sono sportivi e magri.

ジョヴァンニ　エ　アンナ　ソーノ　スポルティーヴィ　エ　マーグリ

ジョヴァンニとアンナは運動好きで痩せています。

ed は、e「そして」と同じですが、次に母音で始まる単語が来る際に語調を整えるために d が添えられた形です。

● この課で学ぶこと

・名詞を説明（修飾）する言葉、形容詞について学ぶ。

・形容詞の語尾変化を覚える。

➕ 形容詞とは

　形容詞とは、名詞や代名詞を修飾する言葉です。形容詞には、品質形容詞、所有形容詞、指示形容詞、数形容詞、疑問形容詞などがあります。一般に私たちが「形容詞」と呼んでいるのは、品質形容詞のことで、事物の性質や形状、状態などを説明します。

　形容詞は、修飾する名詞や代名詞の性と数に応じて語尾を変化させます。このことで形容詞が何を説明しているのかが分かるというメリットがあります。形容詞には、男性単数・女性単数・男性複数・女性複数のそれぞれ4種類に変化するものと、単数・複数の2種類に変化するものがあります。

辞書に出てくるかたちが -o で終わる形容詞		
	単数形	複数形
男性名詞を説明する時	**-o**	**-i**
女性名詞を説明する時	**-a**	**-e**

「イタリアの」学生の場合:

［男単］uno studente italian**o** 　　　　［男複］studenti italian**i**
　　　　ウノ　　ストゥデンテ　イタリアーノ　　　　　　　　　　ストゥデンティ　イタリアーニ
［女単］una studentessa italian**a** 　　［女複］studentesse italian**e**
　　　　ウナ　　ストゥデンテッサ　　イタリアーナ　　　　　　　　ストゥデンテッセ　　イタリアーネ

辞書に出てくるかたちが -e で終わる形容詞		
	単数形	複数形
男性名詞を説明する時	**-e**	**-i**
女性名詞を説明する時	**-e**	**-i**

「日本の」学生の場合:

［男単］uno studente giappones**e** 　　［男複］studenti giappones**i**
　　　　ウノ　　ストゥデンテ　　チャッポネーゼ　　　　　　　　ストゥデンティ　チャッポネーズィ
［女単］una studentessa giappones**e** ［女複］studentesse giappones**i**
　　　　ウナ　　ストゥデンテッサ　　チャッポネーゼ　　　　　　　ストゥデンテッセ　　チャッポネーズィ

　例えば、修飾する名詞が男性と女性の混じった複数（ジョヴァンニとアンナ）のような場合には、文法上のルールで男性複数扱いにします。
　基本的に修飾する名詞や代名詞が男性か女性か、単数か複数かによって形容詞の語尾を変化させます。

➕ 色を表す形容詞

　色を表す形容詞には、bianco「白い」や rosso「赤い」のように辞書に
　　　　　　　　　　　　ビアンコ　　　　　　　ロッソ
出てくる形（男性単数）が -o で終わるもの、verde「緑の」や marrone「茶
　　　　　　　　　　　　　　　　　　　　　　ヴェルデ　　　　　　マッローネ
色い」のように -e で終わるものの他に、変化しないもの（beige「ベージ
　　　　　　　　　　　　　　　　　　　　　　　　　　　　　　ベイジュ
ュの」、blu「(濃い)青の」、fucsia「赤紫の」、rosa「ピンクの」、viola「紫
　　　　ブル　　　　　　　　　フクスィア　　　　　　ローザ　　　　　　　　ヴィオーラ

の」など）があります。

　また、色を表す形容詞にもうひとつ別の形容詞（chiaro「明るい」、
キアーロ
scuro「暗い」など）をつけてグラデーションを表すこともできます。
スクーロ

　変化しない形容詞には、色を表す形容詞の他に、pari「等しい」、dispari「奇数の」、arrosto「ロ
　ーストした」などがあります。

➕ 語尾変化に注意が必要な形容詞

-co で終わる形容詞

→「コ、キ、カ、ケ」と変化するもの

　　　「白い」bianco, bianchi, bianca, bianche
　　　　　　　ビアンコ　　ビアンキ　　ビアンカ　　ビアンケ
　　　「ドイツの」tedesco, tedeschi, tedesca, tedesche
　　　　　　　　　テデスコ　　テデスキ　　テデスカ　　テデスケ
→「コ、チ、カ、ケ」と変化するもの

　　　「滑稽な」comico, comici, comica, comiche
　　　　　　　コーミコ　　コーミチ　　コーミカ　　コーミケ
　　　「ギリシャの」greco, greci, greca, greche
　　　　　　　　　グレーコ　グレーチ　グレーカ　グレーケ

-go で終わる形容詞

→「ゴ、ギ、ガ、ゲ」と変化するもの

　　　「長い」lungo, lunghi, lunga, lunghe
　　　　　　　ルンゴ　　ルンギ　　ルンガ　　ルンゲ
　　　「広い」largo, larghi, larga, larghe
　　　　　　　ラルゴ　　ラルギ　　ラルガ　　ラルゲ

➕ 形容詞の位置　　　　　　　　　　　　　　　　🔊 DL-18

　通常、名詞の後ろに置きます。

un ragazzo italiano「イタリア人の少年」
ウン　ラガッツォ　イタリアーノ

una ragazza italiana「イタリア人の少女」
ウナ　ラガッツァ　イタリアーナ

un cellulare giapponese「日本製の携帯電話」
ウン　チェッルラーレ　ヂャッポネーゼ

le riviste giapponesi「（それらの）日本の雑誌」
レ　リヴィステ　ヂャッポネーズィ

ただし、日常会話でよく使う形容詞のうち、語の長さ（音節数）が短い
ものは名詞の前に置かれる傾向にあります。

una **bella** notizia「よい知らせ」
ウナ　ベッラ　ノティッツィア

un **piccolo** regalo「ちょっとしたプレゼント」
ウン　ピッコロ　レガーロ

形容詞の中には、名詞の前に置かれる場合と後ろに置かれる場合で意味
合いが変わるものがあります。

una **certa** cosa「あるひとつのこと」
ウナ　チェルタ　コーザ

una cosa **certa**「ひとつの確かなこと」
ウナ　コーザ　チェルタ

un **povero** uomo「哀れな男」
ウン　ポーヴェロ　ウオーモ

un uomo **povero**「貧しい男」
ウヌオーモ　ポーヴェロ

形容詞は、Il ragazzo giovane...「その若い男の子が…」のように、名詞
や代名詞を直接修飾する他、動詞 essere などを使って、Il ragazzo è giovane.
「その男の子は若い。」のように述語補語として使うこともできます。

➕ 冠詞のような変化をする形容詞

① **buono**

buono は、基本的に **buono, buoni, buona, buone** と変化しますが、男
ブオーノ　　　　　　　　　　　　　　　ブオーノ　ブオーニ　ブオーナ　ブオーネ
性名詞・女性名詞単数形の名詞の前では次のような形になります。

→ **buon**（ほとんどの男性名詞単数形の前）　　例）**buon** viaggio
　　　　　　　　　　　　　　　　　　　　　　　　　　ブオン　　ヴィアッヂョ

→ **buono**（「s +子音」や x、y、z、gn、pn で始まる男性名詞単数形の前）

　　　　　　　　　　　　　　　　　　　　　　例）**buono** studente
　　　　　　　　　　　　　　　　　　　　　　　　ブオーノ　　ストゥデンテ

→ **buona**（子音で始まる女性名詞単数形の前）　例）**buona** giornata
　　　　　　　　　　　　　　　　　　　　　　　　　ブオーナ　ヂョルナータ

→ **buon'**（母音で始まる女性名詞単数形の前）　例）**buon'**idea
　　　　　　　　　　　　　　　　　　　　　　　　　ブオニデーア

Buon appetito!「良い食事を！」
ブオナッペティート

食事の前に相手に言う決まり文句で「たっぷり召し上がれ」といった意味です。

Buon compleanno!「誕生日おめでとう！」
ブォン　　　　　コンプレアンノ

② **bello**

bello は、基本的に **bello, belli, bella, belle** と変化しますが、次に来る名
　　　　　　　　　　　　　　　ベッロ　　ベッリ　　ベッラ　　ベッレ
詞の音によって、定冠詞のように変化します。

→「s＋子音」や x、y、z、gn、pn で始まる男性名詞

例）**bello** zaino / **begli** zaini
　　ベッロ　ヴァイノ　　　ベッリィ　ヴァイニ

→ 母音で始まる男性名詞 　　例）**bell'**albergo / **begli** alberghi
　　　　　　　　　　　　　　　　　ベッラルベルゴ　　　ベッリィ　　アルベルギ

→ それ以外の男性名詞 　　　例）**bel** canto / **bei** canti
　　　　　　　　　　　　　　　　　ベル　カント　　ベイ　カンティ

→ 子音で始まる女性名詞 　　例）**bella** vista / **belle** viste
　　　　　　　　　　　　　　　　　ベッラ　ヴィスタ　　ベッレ　ヴィステ

→ 母音で始まる女性名詞 　　例）**bell'**idea / **belle** idee
　　　　　　　　　　　　　　　　　ベッリデーア　　ベッレ　イデーエ

➕ 形容詞から導き出せる副詞　　　　　　　　　　　　　　　🔊DL-19

　副詞のなかには形容詞の女性単数の語尾に -mente を付けて作れるもの
が多くあります。副詞は、動詞や形容詞、もしくは別の副詞を修飾する言
葉で、基本的に語形変化しません。

attento「注意深い」 → attent**a** ＋ -mente 　→ **attentamente**「注意深く」
アッテント　　　　　　　　　　　　　　　　　　　　　　　　アッテンタメンテ

semplice「単純な」 → semplic**e** ＋ -mente 　→ **semplicemente**「単純に」
センプリチェ　　　　　　　　　　　　　　　　　　　　　　　センプリチェメンテ

　ただし、-le や -re で終わる形容詞は語末の母音 e を落として -mente を
付けます。

facile「簡単な」 　　 → facil ＋ -mente 　→ **facilmente**「簡単に」
ファーチレ　　　　　　　　　　　　　　　　　　　　　　　ファチルメンテ

regolare「規則的な」 → regolar ＋ -mente 　→ **regolarmente**「規則的に」
レゴラーレ　　　　　　　　　　　　　　　　　　　　　　　レゴラルメンテ

leggero「軽い」は例外で、語末の o を落として -mente を付け、**leggermente**「軽く、わずかに」
となります。

★ 練習問題
以下の形容詞を正しい形に変化させましょう。

1. un romanzo（giallo）推理小説

----

2. le terme（romano）ローマの浴場

----

3. tanti bar（italiano）たくさんのイタリアン・バール

----

4. tre camicie（blu）3枚の青いワイシャツ

----

5. le cronache（nero）犯罪記事

----

6. trenta città（giapponese）日本の30都市

----

7. lo spumante*（italiano）イタリアのスプマンテ　　＊発泡性ワイン

----

8. gli abiti（rosso）赤い服

9.（Buono）compleanno. 誕生日おめでとう。

----

10. Enzo è un（bello）uomo. エンツォはハンサムな男です。

解答は P.228

◉DL-20

Alessandro è più bello di Filippo.

アレッサンドロ　エ　ビウ　ベッロ　ディ　フィリッポ

アレッサンドロはフィリッポよりもかっこいい。

Alessandro è meno alto di Filippo.

アレッサンドロ　エ　メーノ　アルト　ディ　フィリッポ

アレッサンドロはフィリッポほど背が高くない。

Alessandro è tanto magro quanto Filippo.

アレッサンドロ　エ　タント　マーグロ　クワント　フィリッポ

アレッサンドロとフィリッポは同じくらい痩せている。

・・

❸ この課で学ぶこと

・形容詞や副詞を使って比べる表現を学ぶ。

・比較の表現には比較級と最上級があり、最上級には比べる対象のある相
　対最上級と比べる対象を設定しない絶対最上級があることを学ぶ。

⊕ 形容詞の比較級（Comparativo）

　名詞を修飾することで名詞に説明を加える品質形容詞を使って、何かと
何かを比較する表現をここでは学びます。2つの物や人、行動、性質とい
ったものを比べることができます。

　形容詞の比較級には次の3つのタイプがあります。

優等比較級	**più** ＋ 形容詞 ＋ **di（che）** ～ ビウ　　　　　　　ディ　ケ	「～よりも……」
劣等比較級	**meno** ＋ 形容詞 ＋ **di（che）** ～ メーノ　　　　　　　ディ　ケ	「～ほど……でない」
同等比較級	**tanto** ＋ 形容詞 ＋ **quanto** ～ タント　　　　　　　　クワント （**così**）＋ 形容詞 ＋ **come** ～ コズィ　　　　　　　　コーメ	「～と同じくらい……」

①優等比較級

Mia moglie è più aperta di me.　　　私の妻は私よりも明るい性格をしています。
ミア　モッリェ　エ　ビウ　アペルタ　ディ　メ

比較の対象が人称代名詞の場合は目的語代名詞の強勢形（第 19 課参照）を使います。

Il Giappone è più grande dell'Italia.
イル　チャッポーネ　エ　ビウ　グランデ　デッリターリア

日本（の面積）はイタリアよりも大きいです。

②劣等比較級

L'*Italo* è meno veloce del *Freccia Rossa*.
リータロ　エ　メーノ　ヴェローチェ　デル　フレッチャ　ロッサ

イータロはフレッチャ・ロッサよりも遅い。

Italo, Freccia Rossa はイタリアの高速鉄道の列車名。

L'Italia è meno grande della Germania.
リターリア　エ　メーノ　グランデ　デッラ　チェルマーニア

イタリア（の面積）はドイツほど大きくない。

③同等比較級

Il mio cellulare è tanto vecchio quanto il tuo.
イル　ミオ　チェッルラーレ　エ　タント　ヴェッキオ　クワント　イルトゥーオ

私の携帯電話は君のと同じぐらい古い。

Fabio è così simpatico come suo fratello.
ファビオ　エ　コズィ　スィンパーティコ　コーメ　スオ　フラテッロ

ファビオは彼の弟と同じくらい感じのいい人です。

同等比較級の tanto や così はしばしば省略されます。

Il mio cellulare è vecchio quanto il tuo.

Fabio è simpatico come suo fratello.

優等比較級や劣等比較級の意味合いを強めたり、弱めたりしたい場合には、molto, assai「はるかに」、un po'「少し」といった表現を添えます。

Alessandro è molto più bello di Filippo.
アレッサンドロ　エ　モルト　ピウ　ベッロ　ディ　フィリッポ

アレッサンドロはフィリッポよりも相当かっこいい。

Alessandro è un po' più bello di Filippo.
アレッサンドロ　エ　ウンポ　ピウ　ベッロ　ディ　フィリッポ

アレッサンドロはフィリッポよりもいくぶんかっこいい。

⊕ 形容詞の最上級（Superlativo）　　　　　　　　　　　　◎DL-21

　品質形容詞の最上級には、比べる対象の範囲を設定して「～の中で一番……」という意味の①相対最上級 superlativo relativo と、範囲を設定せずに「非常に……」という意味の②絶対最上級 superlativo assoluto があります。

①相対最上級

相対最上級には優等最上級と劣等最上級があります。

優等最上級	定冠詞＋più＋形容詞＋di～	「～の中で最も……」
劣等最上級	定冠詞＋meno＋形容詞＋di～	「～の中で最も……でない」

Secondo me questa cravatta è la più bella di tutte.
セコンド　メ　クエスタ　クラヴァッタ　エ　ラ　ピウ　ベッラ　ディ　トゥッテ

僕にとってはこのネクタイがすべてのなかで一番いいと思うよ。

Questo orologio è il meno caro di tutti.
クエスト　オロローヂョ　エ　イル　メーノ　カーロ　ディ　トゥッティ

この時計がすべてのなかで一番値段が高くないです。

比べる対象の範囲を、前置詞 fra や in で表すこともあります。

Luca è il più bravo fra tutti noi.
ルカ　エ　イル　ピウ　ブラーヴォ　フラ　トゥッティ　ノーイ

ルカは僕たちの中で最も優秀な男です。

Tokyo è la più grande città del Giappone.
トーキオ　エ　ラ　ピウ　グランデ　チッタ　デル　ヂャッポーネ

東京は日本のなかで最も大きな都市です。

相対最上級の形容詞は、名詞の後ろに置くこともできます。

Questo è l'orologio meno caro di tutti.
クエスト　エ　ロロローヂョ　メーノ　カーロ　ディ　トゥッティ

Tokyo è la città più grande del Giappone.
トーキオ　エ　ラ　チッタ　ピウ　グランデ　デル　ヂャッポーネ

②絶対最上級

品質形容詞に **-issimo/-issimi/-issima/-issime** という接尾辞をくっつけることで、形容詞の絶対最上級を作ることができます。

Stefano è altissimo.　(= Stefano è molto alto.)
ステーファノ　エ　アルティッスィモ

ステファノはとても背が高い。

bello「美しい」 → **bellissimo/bellissimi/bellissima/bellissime**
ベッロ　　　　　　　ベッリッスィモ　　　ベッリッスィミ　　　ベッリッスィマ　　　ベッリッスィメ

caro「大切な」 → **carissimo/carissimi/carissima/carissime**
カーロ　　　　　　　カリッスィモ　　　　カリッスィミ　　　　カリッスィマ　　　　カリッスィメ

facile「簡単な」 → **facilissimo/facilissimi/facilissima/facilissime**
ファーチレ　　　　　ファチリッスィモ　　ファチリッスィミ　　ファチリッスィマ　　ファチリッスィメ

forte「強い」 → **fortissimo/fortissimi/fortissima/fortissime**
フォルテ　　　　　　フォルティッスィモ　フォルティッスィミ　フォルティッスィマ　フォルティッスィメ

➕ 副詞の比較級・最上級　　　　　　　　　　　　　　🔵 DL-22

ここまで形容詞の比較級と最上級について見てきました。副詞も、その質の大小が表せるような意味を持っている場合、形容詞と同じように比較級や最上級を作ることができます。ただし、副詞の相対最上級はもっぱら il più ＋副詞＋ possibile「できるだけ……」の形で使われます。

Enzo spiega più lentamente di Luisa.
エンツォ　スピエーガ　ピウ　レンタメンテ　ディ　ルイーザ

エンツォはルイーザよりもゆっくり説明する。

Il professor Gucci cammina il più lentamente possibile.
イル　プロフェッソル　　グッチ　　カンミーナ　イル　ビウ　レンタメンテ　ポッスィービレ

グッチ教授はできるだけゆっくり歩きます。

Luisa spiega rapidissimamente.
ルイーザ　スピェーガ　　ラッピディッスィマメンテ

ルイーザは非常に早口で説明する。

⊕ いろいろな比較表現

　これまで見てきたように、比較の表現において、比べるもの（「～だ」の部分）には形容詞や副詞が使われていました。また、比較の対象には、名詞（代名詞）か副詞が使われていました。

　ここからは、比べるものが形容詞や副詞以外だったり、比較の対象に名詞（代名詞）や副詞以外がくる場合を見ていきましょう。その場合、「～より」を表す語は che になります（-mente で終わる副詞の場合にも che を使います）。

① 「2 つの性質」「2 つの行動」「数量」を比べる

Anna è più affascinante che bella.（形容詞 - 形容詞）
アンナ　エ　ビウ　　アッファシナンテ　　ケ　　ベッラ

アンナは美しいというよりも魅力的な女性だ。

Giorgio ama meno correre che nuotare.（不定詞 - 不定詞）
ヂョルヂョ　　アーマ　メーノ　　コッレレ　　ケ　　ヌオターレ

ジョルジョは泳ぐのほど、走るのが好きではない。

I giapponesi mangiano più riso che pasta.（名詞 - 名詞）
イ　ヂャッポネーズィ　マンヂャノ　　ビウ　リーゾ　ケ　　パスタ

日本人はパスタよりもお米をたくさん食べます。

② 1 つの事柄について 2 つのことを比較する

Emanuela mangia meno carne che pesce.（名詞 - 名詞）
エマヌエーラ　　マンヂャ　　メーノ　カルネ　ケ　ペッシェ

エマヌエーラは魚ほどは肉を食べません。

Per me leggere è più facile che scrivere.（形容詞 - 不定詞）
ペルメ　レッヂェレ　エ　ビウ　ファーチレ　ケ　スクリーヴェレ

僕にとっては書くことよりも読むことの方が簡単です。

③比較の対象に前置詞を付けて比べる

La maestra è più severa con Maria che con Antonella.

ラ　マエストラ　エ　ピウ　セヴェーラ　コン　マリーア　ケ　コン　アントネッラ

先生はアントネッラに対してよりもマリーアに対して厳しく接します。

➕ 比較級・最上級で特別な形を持つ形容詞と副詞

次の形容詞は比較級・最上級で特別な形を持っています。

原級	比較級	相対最上級	絶対最上級
buono ブオーノ 「よい」	**migliore/i di** ~ ミッリョーレ　ディ (più buono/i/a/e)	定冠詞 + **migliore/i** (定冠詞 + più buono/i/a/e)	**ottimo/i/a/e** オッティモ (buonissimo/i/a/e)
cattivo カッティヴォ 「わるい」	**peggiore/i di** ~ ディ (più cattivo/i/a/e)	定冠詞 + **peggiore/i** (定冠詞 + più cattivo/i/a/e)	**pessimo/i/a/e** ペッスィモ (cattivissimo/i/a/e)
grande グランデ 「大きい」	**maggiore/i di** ~ マッジョーレ　ディ (più grande/i)	定冠詞 + **maggiore/i** (定冠詞 + più grande/i)	**massimo/i/a/e** マッスィモ (grandissimo/i/a/e)
piccolo ピッコロ 「小さい」	**minore/i di** ~ ミノーレ　ディ (più piccolo/i/a/e)	定冠詞 + **minore/i** (定冠詞 + più piccolo/i/a/e)	**minimo/i/a/e** ミーニモ (piccolissimo/i/a/e)
alto アルト 「高い」	**superiore/i di** ~ スウペリオーレ　ディ (più alto/i/a/e)	定冠詞 + **superiore/i** (定冠詞 + più alto/i/a/e)	**supremo/i/a/e** スウプレーモ (altissimo/i/a/e)
basso バッソ 「低い」	**inferiore/i di** ~ インフェリオーレ　ディ (più basso/i/a/e)	定冠詞 + **inferiore/i** (定冠詞 + più bass/i/a/e)	**infimo/i/a/e** インフィモ (bassissimo/i/a/e)

これらは形容詞なので、修飾する名詞や代名詞の性と数に応じて語尾を変化させます。
また migliore が単数形の場合、次に名詞が来る際に語調を整える関係で、miglior となることが
あります。

Questo gelato è migliore di quello.

クエスト　チェラート　エ　ミッリョーレ　ディ　クエッロ

このジェラートの方があれよりもおいしい。

Luca è uno dei migliori cantanti del mondo.

ルカ　エ　ウノ　デイ　ミッリョーリ　カンタンティ　デル　モンド

ルカは世界最高の歌手のひとりだ。

次の副詞は比較級・最上級で特別な形を持っています。

原級	比較級	最上級
bene「よく」 ベーネ	**meglio** メッリョ	**benissimo, ottimamente** ベニッスィモ　　　オッティマメンテ
male「わるく」 マーレ	**peggio** ペッヂョ	**malissimo, pessimamente** マリッスィモ　　　ペッスィマメンテ
poco「少し」 ポコ	**meno** メーノ	**pochissimo（minimamente）** ポキッスィモ　　　　ミニマメンテ
molto「とても」 モルト	**più** ピウ	**moltissimo** モルティッスィモ

Stai meglio di ieri?　　君は昨日よりも調子が良いの？
スタイ　　メッリョ　　ディ イエーリ

Peggio di così non può andare.　　状況はこれ以上悪くなりようがない。
ペッヂョ　ディ　コズィ　ノン　プオ　アンダーレ

★ 練習問題
（　　）に適切な語を入れましょう。

1. In Italia si consuma（　　　　　　）tè（　　　　　　）caffè.
　イタリアでは紅茶はコーヒーよりも消費されません。

2. Il Giappone è（　　　　　　）grande（　　　　　　）Italia.
　日本はイタリアよりも大きい（面積が広い）。

3. I giapponesi mangiano（　　　　　　）riso（　　　　　　）pasta.
　日本人はパスタよりもお米をたくさん食べます。

4. Okinawa è（　　　　　　）fredda（　　　　　　）Sapporo.
　沖縄は札幌よりも寒くありません。

5. Luca è il mio（　　　　　　）amico.
　ルカは私の最良の友人です。

6. Il mio appartamento è（　　　　　　）grande（　　　　　　）il tuo.
　私のマンションは君のところと同じくらい大きい。

7. Martina è（　　　　　　）.
　マルティーナはとても美しい。［絶対最上級を使って］

8. Anna è（　　　　　　）affascinante（　　　　　　）bella.
　アンナは美しいというよりも魅力的な女性だ。

9. Giorgio ama（　　　　　　）correre（　　　　　　）nuotare.
　ジョルジョは泳ぐのほど、走るのが好きではない。

10. Fabio è simpatico（　　　　　　）suo fratello.
　ファビオは彼の弟と同じくらい感じのいい人です。

解答は P.228

まとめ (第 **1** 課 か ら 第 **6** 課)

【第 **1** 課】 イタリア語の名詞にはかならず「性」(男性／女性)が備わっています。fratello「兄弟」、sorella「姉妹」のように自然の性別と一致するものもありますが、libro「本」、rivista「雑誌」のように自然界の性別とは関係なく、文法上の性として決まっているものが大半をしめます。

　例外もありますがイタリア語の場合、語末音からだいたい性を見分けることができます。-o で終わるものは男性名詞、-a で終わるものは女性名詞、子音で終わるもの(外来語)は男性名詞と覚えておきましょう。

　大切なことは、名詞を見つけたら男性か女性かという 2 つのグループ分けをするクセをつけることです。

【第 **2** 課】 イタリア語の名詞は通常、冠詞と一緒に使います。冠詞は名詞の前に置かれ、名詞の性を表したり、その名詞に限定を加えたりする働きを持っています。イタリア語では、不定冠詞、定冠詞、部分冠詞(第 12 課参照)の 3 種類の冠詞を使います。名詞を覚える際には、意味だけでなく性も、冠詞とセットにして体に覚え込ませるようにしましょう。

【第 **3** 課】 「1 つ、2 つ……」「1 人、2 人……」のように数えられる名詞では、それが 1 つなのか、2 つ以上なのかを区別します。いわゆる、単数／複数の区別です。数えられる名詞のことを「可算名詞」、数えられない名詞のこと「不可算名詞」と言います。数えられない名詞には、acqua「水」、formaggio「チーズ」、vino「ワイン」、felicità「幸福」などがあります。

　名詞には、その性数に応じた冠詞が付けられます。定冠詞であれば基本的に、il(男性単数)、la(女性単数)、i(男性複数)、le(女性複数)を使いますが、名詞の語頭音によっては lo、l'、gli のような形になることもあります。

【第 **4** 課】 「〜である」を意味する動詞 essere と「〜を持っている」を意味する avere について学びました。イタリア語の動詞は、基本的に主語が誰なのか(人称)によって動詞を 6 通りに変化させて使います。そのため、動詞の変化した形(活用)を身につけることではじめて使いこなせるようになります。

早いうちにマスターしたいものです。

　また、人称によって動詞が変化するので、変化した形から主語の人称がおのずと明らかになります。そこで、主語になる人称代名詞は省略されることが少なくありません。

　否定文は動詞の前に non を置くだけで作ることができます。そして、文の最後に「?」を書く（もしくは質問しているのが分かるように上げ調子で話す）ことで疑問文にできます。

【第 5 課】　名詞や代名詞を限定したり、修飾したりする形容詞について学びました。形容詞も冠詞同様、関係する名詞の性数に合わせて語尾の音を変化させます。辞書に出てくる形が -o で終わる形容詞（italiano など）と -e で終わる形容詞（giapponese など）があります。前者は名詞の性数に応じて語尾を -o, -i, -a, -e と変化させ、後者は数に応じて -e, -i と変化させます。形容詞は名詞を説明する言葉なので、原則的に名詞の後ろに置いて使います。

　通常、名詞は冠詞や形容詞などを伴いますが、このまとまりを名詞句と言います。この名詞句にはかならず「性数」の情報が備わっています。これらの情報を見落とさないようにしましょう。

【第 6 課】　形容詞や副詞を使って比べる表現には、比較級と最上級があります。比較級の中には、「〜よりも……」を意味する優等比較級と「〜ほど……でない」を意味する劣等比較級、「〜と同じくらい……」を意味する同等比較級の３タイプがありました。最上級には、比べる対象のある最上級、相対最上級（「〜の中で最も……」を意味する優等最上級と「〜の中で最も……でない」を意味する劣等最上級）と、比べる対象を設定しない絶対最上級「非常に……」がありました。この絶対最上級は、形容詞の語尾に -issimo/i/a/e を付けて作ることができ、「molto 〜」と同じ意味合いを持ちます。

　また、形容詞や副詞のなかには、単語そのものを変化させて比較級・最上級の形を作れるものがありました。すべての表現を一度に覚えようとせず、気になった表現からどんどん使いながら身につけていってください。

第 **7** 課 規則変化動詞

◯ DL-23

Abito a Tokyo. （私は）東京に住んでいます。
アビト　ア　トーキオ

Prendi un caffè? （君は）コーヒー飲む？
プレンディ　ウン　カッフェ

I bambini non dormono ancora. 子供たちはまだ寝ていません。
イ　バンビーニ　ノン　ドルモノ　アンコーラ

・・

❶ この課で学ぶこと

・動詞の活用について学ぶ。

・規則的な変化をする動詞、-are 動詞、-ere 動詞、-ire 動詞の活用語尾を覚える。

・現在形の使い方を学ぶ。

❶ 動詞の活用とは

　イタリア語を理解するためには、動詞をしっかりおさえておく必要があります。動詞は、「誰」（人称）、「いつ」（時制）などによって形を変えて使います。形を変える前のものを「不定詞（原形）」と呼び、形を変えること（動詞を使えるようにすること）を「活用する」と言います。この課では、現在形の活用について見ていきます。

　第4課の動詞 essere と avere のところでも学んだように、イタリア語の動詞は「人称」によって形を変化させて使います。そのため動詞の変化形から主語（誰が）を容易に判断することができる場合には、強調する場合などを除いて主語人称代名詞（io, tu, lui, lei など）を省略します。

	グループ 1（-are）	グループ 2（-ere）	グループ 3（-ire）*
	abitare 住む アビターレ	**prendere** 取る プレンデレ	**dormire** 寝る ドルミーレ
	lavorare 働く ラヴォラーレ	**scrivere** 書く スクリーヴェレ	**partire** 出発する パルティーレ
	parlare 話す パルラーレ	**vedere** 見る ヴェデーレ	**sentire** 聞く センティーレ
io	**-o**	**-o**	**-o**
tu	**-i**	**-i**	**-i**
lui/lei/Lei	**-a**	**-e**	**-e**
noi	**-iamo**	**-iamo**	**-iamo**
voi	**-ate**	**-ete**	**-ite**
loro	**-ano**	**-ono**	**-ono**

↓　　　　　　↓　　　　　　↓　　🎧

	abit**are** アビターレ	prend**ere** プレンデレ	dorm**ire** ドルミーレ
io	abit**o** アビト	prend**o** プレンド	dorm**o** ドルモ
tu	abit**i** アビティ	prend**i** プレンディ	dorm**i** ドルミ
lui/lei/Lei	abit**a** アビタ	prend**e** プレンデ	dorm**e** ドルメ
noi	abit**iamo** アビティアーモ	prend**iamo** プレンディアーモ	dorm**iamo** ドルミアーモ
voi	abit**ate** アビターテ	prend**ete** プレンデーテ	dorm**ite** ドルミーテ
loro	abit**ano** アビタノ	prend**ono** プレンドノ	dorm**ono** ドルモノ

*-ire 動詞の特殊な形は p.65 を参照してください。

＋ 動詞を活用すること　◉ DL-25

guidare「運転する」
グイダーレ

guido「私は運転する」
グイード
guidi「君は運転する」など
グイーディ

↑

このままでは文として
意味が伝わらない

↑

形を変えることで文として意味が分かる
（主語を表す代名詞 io や tu がないこともある）

すでに学んだように、イタリア語の疑問文は、平叙文に疑問符（?：punto interrogativo）をつけることで作ることが出来ます。会話では、質問していることが相手に伝わるような調子で発音します。

［平叙文］**Luigi mangia una pizza.**　　　ルイージはピッツァを食べます。
　　　　　ルイーヂ　マンヂャ　ウナ　ピッツァ

［疑問文］**Luigi mangia una pizza?**　　　ルイージはピッツァを食べますか。

否定文は、動詞の前に **non** を付けます。

［否定文］**Luigi non mangia una pizza.**　　　ルイージはピッツァを食べません。
　　　　　ルイーヂ　ノン　マンヂャ　ウナ　ピッツァ

否定疑問文は否定文に疑問符（**?**）を付けます。

［否定疑問文］**Luigi non mangia una pizza?**

　　　　　　　　　　　　　　　　　　ルイージはピッツァを食べないのですか。

否定疑問文では、質問内容の答えに応じて「**Sì**」「**No**」を使います。

　- **No, non mangia una pizza.**　　　はい、（ピッツァを）食べません。
　　　ノ　ノン　マンヂャ　ウナ　ピッツァ
　　　　　　　　　　　　　　　　　　（食べないので No）

　- **Sì, mangia una pizza.**　　　いいえ、（ピッツァを）食べます。
　　　スィ　マンヂャ　ウナ　ピッツァ
　　　　　　　　　　　　　　　　　　（食べるので Sì）

➕ 活用の際に注意が必要な動詞

① グループ 1 のうち、-care や -gare で終わるもの

書く場合には 2 人称単数と 1 人称複数の活用形で **h** を加えます。これはカ行やガ行の音を保つためです。

cercare「探す」 cerco, **cerchi**, cerca, **cerchiamo**, cercate, cercano
チェルカーレ　　　　　 チェルコ　チェルキ　チェルカ　チェルキアーモ　チェルカーテ　チェルカノ

pagare「支払う」 pago, **paghi**, paga, **paghiamo**, pagate, pagano
パガーレ　　　　　 パーゴ　パーギ　パーガ　パギアーモ　パガーテ　パガーノ

② **グループ 1 のうち、studiare のように -are の直前が i で終わる動詞**

書く場合には 2 人称単数と 1 人称複数の活用形で **i** を 1 つ省略します。

studiare「勉強する」studio, **studi**, studia, **studiamo**, studiate, studiano
ストゥディアーレ　　　　　ストゥーディオ ストゥーディ ストゥーディア ストゥディアーモ ストゥディアーテ ストゥディアノ

（ただし、sciare「スキーする」は例外：scii, sciiamo）
シアーレ

③ **グループ 3（-isc- タイプ）**：グループ 3 のうち、-isc- 型と呼ばれる動詞
があります。このタイプの活用では、1 人称・2 人称・3 人称の単数と
3 人称の複数の活用語尾の前に **isc** を付けます。

preferire の活用 プレフェリーレ	
io	**preferisco** プレフェリスコ
tu	**preferisci** プレフェリッシ
lui/lei/Lei	**preferisce** プレフェリッシェ
noi	**preferiamo** プレフェリアーモ
voi	**preferite** プレフェリーテ
loro	**preferiscono** プレフェリスコノ

グループ 3「-isc- タイプ」の動詞

preferire「好む」　　　capire「理解する」　　　finire「終える、終わる」
プレフェリーレ　　　　　カピーレ　　　　　　　　フィニーレ

spedire「発送する」　　condire「味付けをする」　costruire「建設する」
スペディーレ　　　　　　コンディーレ　　　　　　コストルイーレ

diminuire「減らす、減る」distribuire「分配する」　guarire「治す、治る」
ディミヌイーレ　　　　　　ディストゥリブイーレ　　　グワリーレ

pulire「掃除する」など
プリーレ

①現在の動作や状態、習慣的行為

Comincio a lavorare.　　　働き始めます。
コミンチョ　ア　ラヴォラーレ

Teresa dorme.　　　テレーザは寝ています。
テレーザ　ドルメ

A colazione prendo un caffellatte e una brioche.
ア　コラツィオーネ　　プレンド　ウン　カッフェッラッテ　エ　ウナ　ブリオッシュ
　　　　　　　　　朝食にはカフェラッテとブリオッシュを食べます。

Studio italiano.　　　イタリア語を勉強しています。
ストゥーディオ　イタリアーノ

「da + 時間の表現」を加えると現在までの経験・状況などを表します。

Studio italiano da 3 mesi.
ストゥーディオ　イタリアーノ　ダ　トレ　メーズィ
　　　　　　　　　　　私は３ヶ月前からイタリア語を勉強しています。

Aspettiamo l'autobus da venti minuti.
アスペッティアーモ　　　ラウトブス　　ダ　ヴェンティ　ミヌーティ
　　　　　　　　　　　バスを20分前から待っています。

②現在以外のこと

1) 今後確実に起こること（未来のこと）

Sabato prossimo parto per Firenze.
サバト　　プロッスィモ　　パルト　ペル　フィレンツェ
　　　　　　　　　次の土曜日、フィレンツェに向けて出発します。

2) 歴史的な事実

Giuseppe Verdi nasce nel 1813 [milleottocentotredici].
ジュゼッペ　ヴェルディ　ナッシェ　ネル　　　　　ミッレオットチェントトレディチ
　　　　　　　　　ジュゼッペ・ヴェルディは1813年に生まれた。

3) 普遍的な事実

Il Tevere bagna Roma.　　　テヴェレ川はローマを流れます。
イル　テーヴェレ　バーニャ　ローマ

L'acqua è un liquido.　　　水は液体です。
ラックワ　エ　ウン　リクィド

✴ 練習問題1
以下の空欄に規則変化動詞の活用形を書きましょう。

	① mangiare 食べる	② prendere 取る	③ dormire 寝る	④ capire 理解する
io		prendo		
tu	mangi			capisci
lui/lei/Lei			dorme	
noi		prendiamo		
voi	mangiate			capite
loro			dormono	

✴ 練習問題2
動詞に注目しながら以下の文の意味を書きましょう。

1. Prendo un caffè.（prendere「飲む」）

----

2. Dove abiti? - Abito a Tokyo.（dove「どこに」）

----

3. A che ora dormi? - Dormo alle dieci.

（a che ora「何時に」/alle ＋数字「～時に」）

----

4. Non capiamo l'inglese.（inglese「英語」）

----

5. Che cosa mangiate stasera?（che cosa「何」/stasera「今晩」）

◎ DL-27

Vado in ufficio. 私は事務所に行きます。
ヴァード　イヌッフィーチョ

Mi dai il tuo indirizzo e-mail? 君のメールアドレスを教えてもらえる？
ミ　ダイ　イル　トゥオ　インディリッツォ　イメイル

Non sappiamo che cosa fare. 私たちは何をしたらいいのかわかりません。
ノン　　サッピアーモ　　ケ　コーザ　ファーレ

⋯⋯⋯⋯⋯⋯⋯⋯⋯⋯⋯⋯⋯⋯⋯⋯⋯⋯⋯⋯⋯⋯⋯⋯⋯⋯⋯⋯⋯⋯⋯

❸ この課で学ぶこと

・不規則変化動詞の活用形を覚える。

・動詞 andare と venire の使い分けを学ぶ。

・動詞 sapere と conoscere の使い分けを学ぶ。

✚ 不規則変化動詞

　第7課では、規則変化をする動詞について勉強しました。イタリア語の動詞の多くは「規則変化動詞」ですが、日常会話などでよく使う動詞には不規則変化をするものが多いので早い時期に覚えてしまいましょう（ここでの不規則というのは、現在形の活用について当てはまるものです）。

　動詞の活用を覚えるには、とにかくコツコツ繰り返し練習するしかありません。表にして持ち歩いたり、常に目に付く場所に貼ったりして頭に叩き込むようにしてください。とはいえ、不規則変化動詞といっても規則が全く無いわけではありません。規則変化動詞の活用語尾がベースとなっていますから、自分なりに法則性を見つけ出すのが、活用を覚える助けになります（　　　は規則的に変化している部分）。

⊕ 主な不規則変化動詞の活用形

	andare 行く アンダーレ	bere 飲む ベーレ	dare 与える ダーレ	dire 言う ディーレ
io	vado ヴァード	bevo ベーヴォ	do ド	dico ディーコ
tu	vai ヴァイ	bevi ベーヴィ	dai ダイ	dici ディーチ
lui/lei/Lei	va ヴァ	beve ベーヴェ	dà ダ	dice ディーチェ
noi	andiamo アンディアーモ	beviamo ベヴィアーモ	diamo ディアーモ	diciamo ディチャーモ
voi	andate アンダーテ	bevete ベヴェーテ	date ダーテ	dite ディーテ
loro	vanno ヴァンノ	bevono ベーヴォノ	danno ダンノ	dicono ディーコノ

	fare する ファーレ	rimanere 留まる リマネーレ	sapere 知る サペーレ	scegliere 選ぶ シェッリエレ
io	faccio ファッチョ	rimango リマンゴ	so ソ	scelgo シェルゴ
tu	fai ファイ	rimani リマーニ	sai サイ	scegli シェッリィ
lui/lei/Lei	fa ファ	rimane リマーネ	sa サ	sceglie シェッリェ
noi	facciamo ファッチャーモ	rimaniamo リマニアーモ	sappiamo サッピアーモ	scegliamo シェッリャーモ
voi	fate ファーテ	rimanete リマネーテ	sapete サペーテ	scegliete シェッリェーテ
loro	fanno ファンノ	rimangono リマンゴノ	sanno サンノ	scelgono シェルゴノ

	stare いる スターレ	tenere 保つ テネーレ	uscire 外出する ウッシーレ	venire 来る ヴェニーレ
io	sto スト	tengo テンゴ	esco エスコ	vengo ヴェンゴ
tu	stai スタイ	tieni ティエーニ	esci エッシ	vieni ヴィエーニ
lui/lei/Lei	sta スタ	tiene ティエーネ	esce エッシェ	viene ヴィエーネ
noi	stiamo スティアーモ	teniamo テニアーモ	usciamo ウッシャーモ	veniamo ヴェニアーモ
voi	state スターテ	tenete テネーテ	uscite ウッシーテ	venite ヴェニーテ
loro	stanno スタンノ	tengono テンゴノ	escono エスコノ	vengono ヴェンゴノ

⊕ 同じ活用形の動詞

tenere「持つ、保つ」と sostenere「支える」、uscire「出る、外出する」と riuscire「成功する」のように、動詞の活用に関わる部分が同じ音を持つ動詞では、同じ活用形になります。

tenere テネーレ		sostenere ソステネーレ
tengo テンゴ		sostengo ソステンゴ
tieni ティエーニ		sostieni ソスティエーニ
tiene ティエーネ	→	sostiene ソスティエーネ
teniamo テニアーモ		sosteniamo ソステニアーモ
tenete テネーテ		sostenete ソステネーテ
tengono テンゴノ		sostengono ソステンゴノ

辞書には、sostenere 154 や riuscire 162 のように記されています。これは「巻末の動詞活用表の 154 番（tenere）や 162 番（uscire）の活用を参照してください」という意味です。この見方を知っておくと、活用を調べる手間がぐっと軽減されます。

⊕ 動詞 andare と venire の使い分け　　　　◉DL-29

andare は「行く」、venire は「来る」というのが基本的な意味です。ただし、次のような場合には日本語で「行く」という訳になっても venire を使います。

①自分が相手のところに行く場合

Vieni con noi al bar?　　私たちと一緒にバールに来ない？
ヴィエーニ　コン　ノイ　アル　バール
- Sì, vengo volentieri.　　－はい、喜んで行きます。
スィ　　ヴェンゴ　　ヴォレンティエーリ

相手のところではない、別のところへ行く場合には andare を使います。

- No, io vado in biblioteca. ―いいえ、私は図書館に行きます。
ノ　イオ　ヴァード　イン　ビブリオテーカ

②第三者が相手のところに行く場合

Chi viene da Lei oggi? 今日、誰があなたのところに行きますか？
キ　ヴィエーネ　ダ　レイ　オッヂ

Non viene Luca alla festa del tuo compleanno?
ノン　ヴィエーネ　ルカ　アッラ　フェスタ　デル　トゥオ　コンプレアンノ
　　　　　　　　　　　　　　　　ルカは君の誕生会に行かないの？

➕ 動詞 sapere と conoscere の使い分け

　sapere と conoscere は辞書で意味を引くとどちらも「知る、知っている」
という意味になっていますが、sapere は、（事実や事柄を）知っているとい
いう意味で使い、sapere の後には接続詞 che などによって導かれる節、
もしくは名詞が置かれます。

So che Luca abita a Torino. ルカがトリーノに住んでいることを知っています。
ソ　ケ　ルカ　アビタ　ア　トリーノ

Non sai dove si trova la chiesa dei Gesuiti?
ノン　サイ　ドーヴェ　スィ　トローヴァ　ラ　キエーザ　デイ　ヂェズイーティ
　　　　　　　　　　　　イエズス会の教会がどこにあるのか知らないのですか？

Non so il tuo indirizzo e-mail. 私は君のメールアドレスを知りません。
ノン　ソ　イル　トゥオ　インデリッツオ　イメイル

　conoscere は、（人やものを）知っているという意味で使い、conoscere
の後には名詞が置かれます。

Conosco bene Ignazio. イニャッツィオのことをよく知っています。
コノスコ　　　ベーネ　イニャッツィオ

Conosci la chiesa dei Gesuiti? イエズス会の教会を知っていますか？
コノッシ　ラ　キエーザ　デイ　ヂェズイーティ

★ 練習問題

以下の空欄に不規則変化動詞の意味と活用形を書きましょう。

	① andare ( )	② bere ( )	③ dare ( )	④ dire ( )
io		bevo	do	
tu	vai			
lui/lei/Lei		beve		dice
noi	andiamo		diamo	
voi	andate			
loro		bevono	danno	dicono

⑤ fare ( )	⑥ sapere ( )	⑦ stare ( )	⑧ uscire ( )	⑨ venire ( )
fai		stai		vieni
fa	sa	sta		
			usciamo	
fate		state		venite
	sanno		escono	

解答は P.228

No と Non の違い

　イタリア語の否定表現に使う代表的な副詞に No と Non があります。No はある質問に対して「ちがう」と答える場合に使い、non は動詞の直前に置いて「〜しない」を表す場合に使う、というのが基本的な使い方です。例えば、Prendi un caffè?「コーヒーを飲みますか？」という質問に否定で答える場合は、No, non lo prendo.「いいえ、飲みません。」と答えます。まず、Sì「はい」か No「いいえ」を答え、否定の場合には「飲む」という行為を否定するので non を加えます。（lo は un caffè を受ける代名詞：13 課参照）

　この他、No の便利な使い方としては、否定を強調する ma と一緒に使って Ma no!「とんでもない。」だとか、相手の同意を促しながら È molto semplice, no?「とても単純でしょ。」のように使うこともできます。また、否定の意味だけでなく、Perché no! や Come no! で「もちろん、いいですよ」（直訳で「どうして no なことがあろうか」）の意味にもなります。

　non も基本的に否定を表すものですが、Non vuoi suonarmi il pianoforte? -Sì, te lo suono volentieri.「ピアノを弾いてくれない？」「うん、喜んで弾くよ。」のように、肯定的な答えを期待した否定疑問文を作ることもできます。Perché non... の形で使うと、Perché non andiamo al cinema?「映画を見に行こうよ」のように「〜しませんか？」という勧誘の表現としても使えます。
　また、別の副詞と一緒に使うことで幅広い表現が可能になりますから文法の学習や語彙の習得と並行して表現も豊かにしていきましょう。まずは、non ＋動詞＋ più で「もう〜しない」、non ＋動詞＋ altro che 〜で「〜ばかりしている」といったよく使われるものからマスターしていってください。

自動詞と他動詞

◉DL-30

Enzo va in ufficio.　　エンツォは事務所に行きます。
エンツォ　ヴァ　イヌッフィーチョ

Silvana prepara il caffè.　シルヴァーナはコーヒーを入れます。
スィルヴァーナ　　プレパーラ　イル　カッフェ

Io sono studente.　私は学生です。
イオ　ソーノ　ストゥデンテ

・・・

❸ この課で学ぶこと

・文の構造を理解する（文の構造を理解するためには動詞を把握する）。
・（動詞を把握するために）自動詞か他動詞を見分けられるようにする。

➕ 文を構成する要素

　イタリア語の文は、以下のパーツが集まって文ができています。つまり、これらを上手く組み合わせられれば、不安を抱えることなくイタリア語の文が作れるようになります。

　　①主語
　　②動詞［述語動詞］
　　③直接目的語［直接補語］
　　④間接目的語［間接補語］
　　⑤述語補語
　　⑥状況補語（時、場所、原因や目的などを表す）
　　状況補語は「前置詞＋名詞／代名詞／不定詞」「副詞」などで示される。

②の動詞が1つある文を単文、2つ以上ある文を複文と言います。複文は2つ以上の節で作られ、それぞれの節には動詞が1つ含まれます。

　複数ある節のうち、文の中心になる節を「主節」、それを補足する節を「従属節」と言います。

　文の仕組みを見極める際の鍵となるのが動詞です。動詞の活用は覚えてしまうまではとても面倒なのですが一度覚えてしまうと、「誰が」（人称）、「いつ」（時制）といった多くの情報を得ることができます。イタリア語をマスターするために、動詞をしっかり押さえることはとても有益です。

➕ 自動詞と他動詞

　動詞の活用を覚えるのと併せて、動詞のタイプ（自動詞か他動詞か）を知ることも重要です。自動詞を使った文には「直接目的語」がありませんが、他動詞を使った文には「直接目的語」があります。ちょっと面倒だと思うかもしれませんが、ここをしっかりおさえることがイタリア語の「できる」「できない」の分かれ道になります。

　　　　主語　　自動詞　状況補語（場所）
Enzo　va　in ufficio. ［例文］　　→　　直接目的語がない
　エンツォ　ヴァ　イヌッフィーチョ

　　　　主語　　他動詞　　直接目的語
Silvana　prepara　il caffè. ［例文］　　→　　直接目的語がある
　スィルヴァーナ　プレパーラ　イル　カッフェ

次のような文では直接目的語があるように見えるかもしれません。

　　　主語　　自動詞　　述語補語
Io　sono　studente. ［例文］
　イオ　ソーノ　ストゥデンテ

この例文の studente は、述語補語と呼ばれるものです（essere は自動詞）。ここでは、Io「私」＝ studente「学生」の関係が成り立ちます。このように主語と述語補語をイコールで結ぶことのできる動詞を「連結辞」と呼びます。この連結辞には、diventare、divenire「〜になる」、parere、sembrare「〜に見える」などがあり、これらの動詞は自動詞になります。

　この他、述語補語が他動詞と一緒に使われることもあります。

主語	他動詞	直接目的語	述語補語
Io	**vedo**	**Luca**	**felice.**
イオ	ヴェード	ルカ	フェリーチェ

私にはルカが幸せに見うけられます。

　この場合、述語補語の felice は、直接目的語 Luca の状態を表すことができます（Luca è felice「ルカ」＝「幸せ」）。

⊕ 自動詞か他動詞かを見分ける方法

　動詞が自動詞か他動詞なのかを見分ける最も確実な方法は、辞書で調べる際に意味と併せて確認することです。早いうちに習慣づけるようにしましょう。ただし、まったく判別する手立てがないわけではないので、ここでは自動詞と他動詞の見分け方を見ていきましょう。次の例文を見てください。

Stasera telefono a Fabio.
スタセーラ　　テレーフォノ　ア　ファビオ

Stasera chiamo Fabio.
スタセーラ　　キアーモ　ファビオ

　どちらも「今晩、ファビオに電話します」という意味になる文です。なぜ telefono a Fabio、chiamo Fabio となっているかというと、telefonare が自動詞、chiamare が他動詞だからです。前者は、直接目的語を持つことができないので、前置詞 a を介して a Fabio となり、間接目的語になっているわけです。

直接目的語は述語動詞の動作や行為が直接およぶ対象を表し、間接目的語は動作や行為の向けられる対象（人や生き物）を表します。「向けられる」という特性から、イタリア語の間接目的語は多くの場合、「前置詞 a ＋名詞／代名詞」で示されます。

　実際には、直接目的語が「名詞・代名詞」だけでなく、「動詞の不定詞」や「名詞節」になることもあります。

主語　他動詞　　間接目的語　　直接目的語（不定詞）

Io　chiedo　a Giacomo　di cantare.
イオ　　キエード　　ア　　ヂャコモ　　ディ　カンターレ

ジャコモに歌ってもらうよう頼んでみます。

主語　　他動詞　　直接目的語（名詞節）

Noi　sappiamo　che hai ragione.　　私たちは君が正しいとわかっています。
ノイ　サッピアーモ　　ケ　アイ　ラヂョーネ

　また、他動詞のなかには、まれにではありますが直接目的語を省略するものがあります。例えば、scrivere「書く」という他動詞は、「手紙を書いて出す」という意味で使う場合、直接目的語を省略して使います。

他動詞　間接目的語

Scrivo　a Maria.　　私はマリーアに手紙を書きます。
スクリーヴォ　ア　マリーア

　このような場合、辞書には「直接目的語を省略して」といった説明がありますから、見落とさないようにしましょう。

★ 練習問題

　次の文のうち、他動詞のある文を選び出してみましょう（直接目的語が
あるものが他動詞です）。

1. Il professor Fabbri finisce la lezione alle 11.
   ファッブリ教授は 11 時に授業を終えます。

2. Noi salutiamo Paolo.
   私たちはパオロに挨拶します。

3. Quest'estate viaggiamo in Sicilia.
   この夏、私たちはシチリアを旅行します。

4. Domani visitiamo la Galleria degli Uffizi.
   明日、ウフィッツィ美術館を見学します。

5. La lezione comincia alle 10.
   授業は 10 時に始まります。

6. Io sono infermiere.
   私は看護師です。

7. Non dormi ancora?
   まだ寝ないの？

8. So che non vuoi farlo.
   君がそれをしたくないと分かっています。

解答は P.228

数字（序数）を覚えよう

1° primo <small>プリーモ</small>	2° secondo <small>セコンド</small>	3° terzo <small>テルツォ</small>	4° quarto <small>クワルト</small>
5° quinto <small>クイント</small>	6° sesto <small>セスト</small>	7° settimo <small>セッティモ</small>	8° ottavo <small>オッターヴォ</small>
9° nono <small>ノーノ</small>	10° decimo <small>デーチモ</small>		

11 以上の序数は、基数の語末母音を落として、-esimo を添えることで導き出せます。読む際には、必ず -esimo の e にアクセントを置きます。

11 undici → 11° undicesimo
<small>ウンディチ</small>   <small>ウンディチェーズィモ</small>

12 dodici → 12° dodicesimo
<small>ドディチ</small>   <small>ドディチェーズィモ</small>

[……]

20 venti → 20° ventesimo
<small>ヴェンティ</small>   <small>ヴェンテーズィモ</small>

21 ventuno → 21° ventunesimo
<small>ヴェントゥーノ</small>   <small>ヴェントゥネーズィモ</small>

22 ventidue → 22° ventiduesimo
<small>ヴェンティドゥエ</small>   <small>ヴェンティドゥエーズィモ</small>

23 ventitré → 23° ventitreesimo*
<small>ヴェンティトレ</small>   <small>ヴェンティトレエーズィモ</small>

100 cento → 100° centesimo
<small>チェント</small>   <small>チェンテーズィモ</small>

1000 mille → 1000° millesimo
<small>ミッレ</small>   <small>ミッレーズィモ</small>

* 1 の位が 3 と 6 になる数字（23, 26, 33, 36 など）では、語末母音を落とさず -esimo を付けます（ventiseiesimo, trentatreesimo, trentaseiesimo など）。その際、基数のときにあった語末のアクセント記号は落ちます。

数字（序数）は形容詞なので、修飾する名詞や代名詞の性に合わせて語尾を変化させます。

primo → **i primi** piatti 「（スープやパスタなどの）最初の料理」
     <small>イ プリーミ ピアッティ</small>

nono → la **nona** sinfonia 「交響曲第 9 番」
     <small>ラ ノーナ スィンフォニーア</small>

◎DL-31

Posso usare il tuo cellulare? 君の携帯電話を使ってもいいかな？
ポッソ　ウザーレ　イル　トゥオ　チェッルラーレ

Voglio fare un corso di nuoto. 僕は水泳のコースを受講したい。
ヴォッリョ　ファーレ　ウン　コルソ　ディ　ヌオート

Ho mal di testa, devo andare dal medico.
オ　マル　ディ　テスタ　デーヴォ　アンダーレ　ダル　メーディコ

　　　　　　　　　　　　　　　　　　頭が痛いので、医者（のところ）に行かなくっちゃ。

Non so guidare la macchina. 私は車の運転をすることができません。
ノン　ソ　グィダーレ　ラ　マッキナ

🔹 この課で学ぶこと

・「可能性」「願望」「義務」「能力」などを表すことができる補助動詞
　（potere、volere、dovere、sapere）について学ぶ。

➕ 補助動詞（Verbo servile）とは

　補助動詞は後ろに動詞の不定詞を従えることで「可能性 potere」、「願望 volere」、「義務 dovere」、「能力 sapere」などを表すことができます。不定詞を補助する働きを持っているので、補助動詞と呼ばれます。

➕ 補助動詞の活用形

	potere ポテーレ	**volere** ヴォレーレ	**dovere** ドヴェーレ	**sapere** サペーレ
io	**posso** ポッソ	**voglio** ヴォッリョ	**devo** デーヴォ	**so** ソ
tu	**puoi** プオイ	**vuoi** ヴオイ	**devi** デーヴィ	**sai** サイ
lui/lei/Lei	**può** プオ	**vuole** ヴオーレ	**deve** デーヴェ	**sa** サ
noi	**possiamo** ポッスィアーモ	**vogliamo** ヴォッリャーモ	**dobbiamo** ドッビアーモ	**sappiamo** サッピアーモ
voi	**potete** ポテーテ	**volete** ヴォレーテ	**dovete** ドヴェーテ	**sapete** サペーテ
loro	**possono** ポッソノ	**vogliono** ヴォッリョノ	**devono** デーヴォノ	**sanno** サンノ

この他にも solere「〜するのを常としている」（soglio, suoi, suole, sogliamo, solete, sogliono）を補助動詞として使うこともあります。

➕ 補助動詞 potere

①許可を求める・与える

Posso usare il tuo cellulare? ［例文］
ポッソ ウザーレ イル トゥオ チェッルラーレ

Potete fare una foto. 君たちは写真を撮ってもいいですよ。
ポテーテ ファーレ ウナ フォト

②可能性をたずねる・答える

Puoi aggiustare questo computer?
プオイ アッヂュスターレ クエスト コンピューテル
このコンピューターを修理できますか？

Adesso non possiamo rispondere al telefono.
アデッソ ノン ポッスィアーモ リスポンデレ アル テレーフォノ
今、私たちは電話に出ることができません。

Può essere una buona idea. いいアイデアかもしれないよ。
プオ エッセレ ウナ ブオーナ イデーア

➕ 補助動詞 volere

①相手を誘う・お願いする

Vuoi venire con me al bar? 私と一緒にバールに行かない？
ヴオイ ヴェニーレ コンメ アル バル

Ragazzi, volete pranzare da me?
ラガッツィ ヴォレーテ プランツァーレ ダ メ
みんな、私のところでお昼を食べない？

②願望・欲求を表す

Voglio fare un corso di nuoto. ［例文］
ヴォッリョ　ファーレ　ウン　コルソ　ディ　ヌオート

Loro vogliono bere un po' di vino. 彼らは少しワインが飲みたい。
ローロ　　　ヴォッリョノ　　　ベーレ　ウン　ポ　ディ　ヴィーノ

● 補助動詞 dovere

①義務を表す

Signora, deve fare la fila. 奥さん、列に並ばなくてはいけませんよ。
スィニョーラ　　デーヴェ　ファーレ　ラ　フィーラ

②必要性を表す

Ho mal di testa, devo andare dal medico. ［例文］
オ　マル　ディ　テスタ　　デーヴォ　アンダーレ　ダル　メーディコ

③可能性が高いと判断されることを表す

Dov'è Luigi? ルイージはどこにいるの？
ドヴェ　ルイーヂ

‒ Deve essere in bagno. ‒トイレにいるはずだよ。
デヴェッセレ　イン　バーニョ

● 補助動詞 sapere （potere との違い）

　potere が可能性を表して「～できる」を表すのに対して、sapere は学習や経験を通して「～できる」（～する術を心得ている）を表します。

Adesso non posso guidare, perché ho bevuto troppo.
アデッソ　ノン　ポッソ　グィダーレ　　ペルケ　オ　ベヴート　トロッポ
　　　　　　　　　　　飲みすぎたから、今は運転することができないんだ。

アルコールの量に関係なく、イタリアでも飲酒運転は禁じられています。

Non so guidare la macchina. ［例文］
ノン　ソ　グィダーレ　ラ　マッキナ

Teresa, puoi cucinare tu oggi? テレーザ、今日は君が料理をしてくれる？
テレーザ　　ブオイ　クチナーレ　トゥ　オッヂ

Sai cucinare bene? 君は上手に料理ができるの？
サイ　クチナーレ　ベーネ

✪ volere, dovere, sapere を他動詞として使う場合

volere を他動詞として使う場合は、「欲する、欲しい」の意味になります。

Vuoi una caramella?　　飴をひとついかがですか？
　ヴオイ　　ウナ　　カラメッラ

dovere を他動詞として使う場合、「（お金や物を）借りている」「～のおかげである」という意味になります。

Dobbiamo cento euro a Luisa.
　ドッビアーモ　　チェント　エウロ　ア　ルイーザ
　　　　　　　　　　　　　　　　　私たちはルイーザに100ユーロ借りています。

Se canto bene, lo devo al mio maestro di canto.
　セ　カント　ベーネ　ロ　デーヴォ　アル　ミオ　マエストロ　ディ　カント
　　　　　　　　　　　　　私の歌が上手いとすれば、それは歌の先生のおかげです。

sapere を他動詞として使う場合は、「（学習・教育・情報・経験を通じて）
～を知っている」の意味になります。

Non so il tuo indirizzo e-mail.　　私は君のメールアドレスを知らないよ。
　ノン　ソ　イル　トゥオ　インディリッツォ　イメイル

Giorgio sa il giapponese.　　ジョルジョは日本語ができます。
　ヂョルヂョ　　サ　イル　ヂャッポネーゼ

✸ 練習問題 1

以下の空欄に補助動詞の活用形を書きましょう。

	① potere	② volere	③ dovere	④ sapere
io		voglio		so
tu	puoi		devi	
lui/lei/Lei		vuole		sa
noi	possiamo		dobbiamo	
voi		volete	dovete	
loro	possono			sanno

✸ 練習問題 2

（　　　）に、日本語の意味に合う補助動詞を正しく活用させて入れ、文を完成させましょう。

1. Luca e Martina（　　　　　　）studiare il giapponese.
   ルカとマルティーナは日本語を勉強したがっています。

2. （　　　　　　）suonare la chitarra?
   君はギターを弾くことができるの？

3. Scusi,（　　　　　　）chiudere la finestra?
   すみません、窓を閉めていただけないでしょうか？（フォーマルな相手に対して）

4. Ragazzi,（　　　　　）fare molti compiti.
   みんな、たくさんの課題をしなければなりませんよ。

5. A che ora（　　　　　　）partire Anna?
   アンナは何時に出発しなければならないのですか？

6. Non（　　　　　）stare in casa tutto il giorno senza far niente.
   君は一日中、家の中で何もせずにいちゃいけないよ。

7. Se tu（　　　　）dimagrire, non（　　　　　　）mangiare tanti dolci.
   君がもし痩せたいのなら、お菓子をたくさん食べてはいけないよ。

解答は P.229

シエスタ Siesta の習慣

　イタリアの大都市を除く多くの町では、食料品店や衣料品店、雑貨店などが午後1時ごろから午後3時ぐらいまで閉まり、町中がしーんと静まり返ることがあります。これは、南ヨーロッパや中南米諸国の昔ながらの習慣「シエスタ（字義的には昼寝の意）」が残っているためです。

　イタリアの伝統的な食生活では、家族が仕事場や学校から家に戻ってみなで食事をとっていました。このため、シエスタの時間帯には、店舗が一旦閉まるのです。実際には昼寝をするというよりは、家族とゆっくり昼を食べながら昼休みを取るための時間と言えます。とはいえ、都会ではこのような習慣も廃れつつあり、手軽に食事のできる店が増えたり、お昼休みを取らない店も多く見られるようになってきました。

　シエスタとは別に、大規模店舗を除く個人商店などでは週に一度、午後が休みになることが多いようです。例えば、ジェノヴァでは水曜日の午後には多くの商店はお休みになります。それを忘れて、水曜日の午後に買い物に出て店が閉まっているときに「ああ、そうだった。」「なんてこった。」と言う場合、ジェノヴァっ子は、Mercoledì! と口にすることがあります。
　　　　　　　メルコレディ

まとめ （第**7**課から第**10**課）

【第 **7** 課】 イタリア語の動詞は、主語の人称によって動詞の形を変化させて使います（動詞の活用）。動詞の活用は、人称によるものだけでなく、時制などによってもおこないます。第7課では、現在形の活用のうち、規則的な変化をするものを学びました。

　イタリア語の動詞（不定詞）は、語尾の音によって3つのグループ（-are 動詞、-ere 動詞、-ire 動詞）に分けられます。規則的な変化をする動詞では、この3つのグループにそれぞれ共通する語尾変化を覚えることで、すべての規則変化動詞を使えるようになります。

　現在形は、現在の動作や状態のほか、習慣的な行為を表すことができます。

【第 **8** 課】 不規則な変化をする動詞のうち主なものを学びました。不規則変化といっても、規則が無いのではなく、すべてが規則的ではないというものです。活用表を見ながら、どんな特徴があるのかを自分なりに探すことも活用を覚える助けになります。andare「行く」と venire「来る」や、「知っている」を意味する sapere と conoscere の使い分けについても学びました。

【第 **9** 課】 イタリア語を理解する上で欠かせないのが文の構造を理解することです。文を構成する要素には「主語」「動詞」（述語補語）「直接目的語」「間接目的語」「述語補語」「状況補語」があります。そのなかでも動詞を把握することが最も重要です。基本的に1つの文に動詞は1つあります。この動詞が自動詞なのか、他動詞なのかを見分けられることが文の理解に大きく関わります。他動詞を使った文にはかならず直接目的語があります。

【第 **10** 課】 「可能性」「願望」「義務」「能力」などを表すことのできる補助動詞について学びました。イタリア語でよく使われる補助動詞は potere, volere, dovere, sapere の4つで、後ろに動詞の原形（不定詞）を伴って使います。疑問文で使うと、許可を求めたり、相手を誘う表現として使うこともできます。また、volere, dovere, sapere は他動詞としても使うことができます。「potere」＝「～できる」と1語1義的に覚えるのではなく、補助動詞

で表せる意味の範囲やニュアンスと関連付けて覚えるようにしましょう。

　発音の目安として、ここまで「読みカナ」をふってきましたが、もうイタリア語の音に慣れてきましたか？　付属の音声を聞きながらここまで学習すれば、すでにカナがなくてもイタリア語が読めるようになっているはずです。もし、カナがじゃまに感じることがあったとしたら、それはイタリア語の自然な発音が身体に入ってきている証拠です。自信を持って次の課に進んでください。もしまだ自信がなければ、なるべくカナを見ないようにしながら、もう一度、第10課まで声に出し、イタリア語に慣れていきましょう。

◎DL-34

I miei genitori sono di Genova.　　私の両親はジェノヴァ出身です。

Posso usare il tuo computer?　- Il mio non funziona.
君のコンピューターを使ってもいいですか？　　ー私のは作動しません。

・・・

❸ この課で学ぶこと
・「誰々の」という所有者を表す言葉を学ぶ。
・所有者を表す言葉には所有形容詞と所有代名詞があることを理解する。

➕ 所有形容詞（Aggettivo possessivo）とは　　◎DL-35

　「私の」「君の」「彼／彼女の」のように、「誰々の」という意味の所有を
表す言葉をここでは学びます。名詞を修飾して形容詞として使う場合には
「所有形容詞（Aggettivo possessivo）」となります。

所有を表す言葉

		男性単数	女性単数	男性複数	女性複数
単数	1人称	**mio**	**mia**	**miei**	**mie**
	2人称	**tuo**	**tua**	**tuoi**	**tue**
	3人称	**suo**	**sua**	**suoi**	**sue**
複数	1人称	**nostro**	**nostra**	**nostri**	**nostre**
	2人称	**vostro**	**vostra**	**vostri**	**vostre**
	3人称	**loro**	**loro**	**loro**	**loro**

	単数形		複数形	
	男性名詞 「男の友人」	女性名詞 「女の友人」	男性名詞 「男の友人たち」	女性名詞 「女の友人たち」
私の	il **mio** amico	la **mia** amica	i **miei** amici	le **mie** amiche
君の	il **tuo** amico	la **tua** amica	i **tuoi** amici	le **tue** amiche
彼の 彼女の あなたの	il **suo** amico il **suo** amico il **Suo** amico	la **sua** amica la **sua** amica la **Sua** amica	i **suoi** amici i **suoi** amici i **Suoi** amici	le **sue** amiche le **sue** amiche le **Sue** amiche
私たちの	il **nostro** amico	la **nostra** amica	i **nostri** amici	le **nostre** amiche
君たちの	il **vostro** amico	la **vostra** amica	i **vostri** amici	le **vostre** amiche
彼らの 彼女たちの	il **loro** amico	la **loro** amica	i **loro** amici	le **loro** amiche

・書き言葉のフォーマルな形で 3 人称単数・複数の形を使う場合には il Suo amico や il Loro amico のように、文中であっても大文字で記すことがあります。
・所有形容詞が名詞を修飾する際には、名詞の前に置かれることが一般的です。

➕所有形容詞の使い方

　所有形容詞は、持ち主ではなく、その所有物自体の性数に一致させる必要があります。例を見てみましょう。

La macchina di Marcello è francese.　マルチェッロの車はフランス製です。
　⇒ **La sua macchina è francese.**　彼の車はフランス製です。

マルチェッロ自身は男性ですが、所有形容詞「彼の」は彼の所有物である macchina「車」の性数（女性単数）に一致させるので、sua となります。つまり、イタリア語では 3 人称単数の所有形容詞は、「彼の〜」と「彼女の〜」とが同じ形になります。

La macchina di Maria è francese.　　マリーアの車はフランス製です。

　⇒ **La sua macchina è francese.**　　彼女の車はフランス製です。

「彼の車」なのか、「彼女の車」なのかを明示したい場合には、La macchina di lui、La macchina di lei のように言います。

　また、所有形容詞は、「誰々の」の部分を言い換えたものなので、定冠詞と一緒に使われることが少なくありません。ただし、文によっては不定冠詞が使われることもあります。

Questo è un mio amico.　　こちらは私の友人です。

　この文では、通常、私にとっての友達がその人1人に限定されることはないと思いますので、何人かいるうちの1人、ということで不定冠詞が使われます。また、私が男性であっても、女性であっても、男の友人 amico が男性単数なので、mio という所有形容詞を使います。繰り返しになりますが、3人称単数では「彼の友人」であっても「彼女の友人」であっても un suo amico と同じ形になるので注意してください。所有形容詞を使うと意味がはっきりしない場合には、un amico di lui とか、un amico di lei と明示します。

➕ 親族名詞　　　　　　　　　　　　　　　　　　　　　　　🔘DL-36

　親族名詞（padre「父親」、madre「母親」、fratello「兄弟」、sorella「姉妹」、figlio「息子」、figlia「娘」、zio「伯父」、zia「叔母」、nonno「祖父」、nonna「祖母」、nipote「孫・甥・姪」、cugino「従兄弟」、cugina「従姉妹」など）の単数形を所有形容詞と一緒に使う場合、定冠詞は付けません。

Mia figlia si chiama Aya.　　私の娘は彩といいます。

Nostro padre lavora in banca.　　私たちの父は銀行で働いています。

　親族名詞が複数形の場合と所有形容詞が loro の場合には、定冠詞を付けます。

I miei <u>nonni</u> stanno bene.　　私の祖父母は元気です。

Il loro <u>nipote</u> abita a Venezia.　　彼らの甥はヴェネツィアで暮らしています。

　また、愛称辞（mamma「ママ」）や縮小辞（nonnina「おばあちゃん」）のような変意名詞では定冠詞が必要です。

La mia <u>mamma</u> ama la musica.　　私のママは音楽を愛しています。

　親族名詞が形容詞などの修飾語を伴う場合にも定冠詞を用います。

Lei è la mia <u>cara</u> nonna.　　彼女は私の大切な祖母です。

Il mio zio <u>di Genova</u> fa il macellaio.

ジェノヴァに住む私の伯父は肉屋をしています。

⊕所有代名詞として使う場合

　所有形容詞がどの名詞を修飾するのかが明らかな場合、その名詞を省略して「定冠詞＋所有（形容）詞」の形で所有代名詞として使うことができます。

Posso usare il tuo cellulare?　　君の携帯電話を使ってもいいかな？
– Il mio è scarico.　　－私のは電池が切れてるよ。

Domenica mio figlio gioca a calcio con il tuo.

日曜日、私の息子は君の息子とサッカーの試合をするよ。

Stasera scrivo ai* miei.   今晩、両親に手紙を書きます。

* ai ＝ a ＋ i（第 12 課参照）
　所有代名詞の男性複数（i miei, i tuoi, i suoi など）は、両親を表します。

⊕述語補語として使う場合

　所有代名詞は、essere などの連結辞（第 9 課参照）の述語補語として使う
ことができます。この場合、冠詞を付けません。

Di chi è questo smartphone?   このスマートフォンは誰のですか？
− È mio.   ―私のです。

★ 練習問題 1

空欄に所有詞を入れて、表を完成させましょう。

		男性単数	女性単数	男性複数	女性複数
単数	1人称	mio			
	2人称				tue
	3人称		sua		
複数	1人称			nostri	
	2人称				vostre
	3人称	loro			

★ 練習問題2

（　　　）に所有形容詞を入れて以下の文を完成させましょう（必要に応じて冠詞も加えること）。

1. Dove sono（　　　　　　　）documenti?
   君の書類はどこにあるの？

2. Domani vado al cinema con（　　　　　　　）ragazzo.
   明日、私は彼氏と映画を見に行きます。

3. Di chi è questa chiave? - È（　　　　　　　）.
   この鍵は誰のものですか？　―私たちのです。

4. （　　　　　　　）mamma si chiama Angela.
   私のママはアンジェラって名前なの。

5. （　　　　　　　）padre è di Hokkaido.
   私の父は北海道の出身です。

6. Sabato sera festeggiamo（　　　　　　　）anniversario di matrimonio.
   土曜の夜、彼らの結婚記念のお祝いをしましょう。

解答は P.229

◉ DL-37

Questo treno parte per Roma? この列車はローマに行きますか？

Questa è mia moglie. こちらは私の妻です。

Questo palazzo è antico, quello è moderno.

この建物は古く、あちらは近代的です。

Ci vediamo alle 11. 11 時に会いましょう。

・・

❶ この課で学ぶこと

・「この〜」「あの〜」や「これ」「あれ」といった物を指し示す機能のある語を学ぶ。
・つなぎのことば、前置詞を学ぶ。
・漠然とした量や数を表す、部分冠詞について学ぶ。

➕ 指示形容詞（Aggettivo dimostrativo）とは

　指示形容詞とは、名詞と一緒に用いられ、「この〜」「あの〜」といった意味を表します。話者の近くにある人やモノを指し示す際には questo、遠くにある人やモノを指し示す際には quello を使います。

　指示形容詞は、修飾する名詞の性数に語尾を一致させます。

聞き手の（時間的・空間的に）近くにある人やモノを指して codesto（「その〜」「それ」）が使われることもありますが、（一部の地域を除いて）現在ではほとんど使われません。

➕ 指示形容詞 questo

questo は修飾する名詞の性数によって、questo, questi, questa, queste となります。話者の近くにいる人や近くにあるモノを指したり、会話の中で話題に上っていることを指します。

	単　数	複　数
男性	**Questo** gelato è buono. このジェラートは美味しいです。	**Questi** gelati sono buoni. これらのジェラートは美味しいです。
女性	**Questa** pizza è buona. このピッツァは美味しいです。	**Queste** pizze sono buone. これらのピッツァは美味しいです。

➕ 指示形容詞 quello

quello も修飾する名詞の性数によって語尾を変化させますが、加えて、続く名詞の語頭音によって音が変化します（→第3課の「定冠詞」の項、本課「前置詞＋定冠詞の結合形 del」の項参照）。quello は、話者の遠くにいる人や遠くにあるモノを指します。

	単　数	複　数
男性	**Quel** ragazzo è bravo. あの少年は優秀です。	**Quei** ragazzi sono bravi. あれらの少年は優秀です。
	Quello stadio è piccolo. あの競技場は小さい。	**Quegli** stadi sono piccoli. あれらの競技場は小さい。
	Quell'appartamento è bello. あのマンションは素晴らしい。	**Quegli** appartamenti sono belli. あれらのマンションは素晴らしい。
女性	**Quella** strada è stretta. あの道は狭い。	**Quelle** strade sono strette. あれらの道は狭い。
	Quell'arancia è buona. あのオレンジは美味しい。	**Quelle** arance sono buone. あれらのオレンジは美味しい。

・男性名詞：後に続く名詞が子音（「s＋子音」や z 以外）で始まるときは quel, quei となり、後に続く名詞が「s＋子音」や z で始まるときは quello, quegli、後に続く名詞が母音で始まるときは quell', quegli となります。

・女性名詞：後に続く名詞が子音で始まるときは quella, quelle となり、後に続く名詞が母音で始まるときは quell', quelle となります。

➕ 指示代名詞（Pronome dimostrativo）とは

指示代名詞とは、名詞の代わりに用いられ、「これ」「あれ」といった意味を表します。話者の近くの人やモノを指し示す際にはquesto、遠くの人やモノを指し示す際にはquelloを使います。

指示代名詞は、指し示す名詞の性数に語尾を一致させます。

➕ 指示代名詞 questo, quello

指示代名詞questoは指示形容詞と同じ形（questo, questi, questa, queste）を、指示代名詞quelloは以下の形を使います。

	単　数	複　数
男性	**questo ／ quello**	**questi ／ quelli**
女性	**questa ／ quella**	**queste ／ quelle**

Questo bar è antico, ma quello è moderno.

このバールは古いですが、あちらは近代的です。

Quella penna è nera, questa è rossa.　　あのペンは黒で、こちらは赤です。

Questo è mio figlio, quella è mia figlia.

こちらが私の息子で、あちらは私の娘です。

➕ 前置詞（Preposizione）とは

文を作る時、日本語では「〜の」「〜に」「〜から」のように助詞を使って、語と語がどのような関係にあるのかを示します。イタリア語で概ねこれに相当するのが前置詞です。名詞や代名詞の前に置かれるので、前置詞と呼ばれます。

前置詞							
a	**da**	**di**	**in**	**con**	**su**	**per**	**fra(tra)**

前置詞は名詞の前に置かれることが多いため、「前置詞＋定冠詞＋名詞」の語順になることがすくなくありません。その場合、「前置詞＋定冠詞」は次のような形になります。

前置詞＋定冠詞が結合した形							
	il	lo	l'	la	i	gli	le
a	**al**	**allo**	**all'**	**alla**	**ai**	**agli**	**alle**
da	**dal**	**dallo**	**dall'**	**dalla**	**dai**	**dagli**	**dalle**
di	**del**	**dello**	**dell'**	**della**	**dei**	**degli**	**delle**
in	**nel**	**nello**	**nell'**	**nella**	**nei**	**negli**	**nelle**
su	**sul**	**sullo**	**sull'**	**sulla**	**sui**	**sugli**	**sulle**

il は i の音が落ちる。lo, l', la, le は l の音が加わる。 di は de、in は ne と音が変化する。

➕ 前置詞の主な用法　　　　　　　　　　　　　　　　　🔊 DL-39

① a 「〜に」「〜で」「〜時(じ)に」など

Chiudo la porta a chiave.　　扉に鍵をかけます。（鍵で扉を閉める）

Domattina vado al supermercato.　　明日の朝、スーパーに行きます。

Ci vediamo alle 11.　　［例文］

② da 「〜から」「〜のところに / で」「(値段・価値) 〜の」など

Studiamo italiano da 2 mesi.

　　　　　　　　　　　　私たちは２ヶ月前からイタリア語を勉強しています。

Prendo un gelato da 2 euro.　　２ユーロのジェラートを１つください。

Oggi pomeriggio vado dai nonni.　　今日の午後、祖父母のところに行きます。

③ di 「〜の」「〜製の」「〜出身・産の」など

Di dove sei?　- Sono di Roma.　　どこの出身なの？－ローマ出身です。

La macchina del professore è nuova.   教授の車は新車です。

④ in「〜（の中）に / で」「（時間）〜に」など

Entro nel parcheggio e vi aspetto lì.

駐車場の中に入って、そこで君たちを待っています。

Sono nata nel 1970.   私は 1970 年に生まれました。

⑤ con「〜と」「〜を持った」「〜で」など

Vado al cinema con mia moglie.   妻と映画を見に行きます。

Taglio la bistecca con il coltello.   ナイフでステーキを切ります。

⑥ su「〜の上に / で」「〜について」「（年齢・価格など）およそ〜」など

Le chiavi sono sul tavolo.   鍵はテーブルの上にあります。

Riflettiamo sull'inquinamento atmosferico.

私たちは大気汚染について考えます。

⑦ per「〜のために」「（通過・目的地）〜を / に」「（期間）〜の間」など

Ti dico questo per te.   僕は君のためにこれを言っているんだよ。

Questo pullman parte per Siena.   この長距離バスはシエナ行きです。

⑧ fra(tra)「（時間）〜後に」「（複数の物・人）〜の間に / で」など

Fra 10 minuti ricomincia la lezione.   10 分後に授業が再開します。

Luisa è la migliore fra tutti gli studenti.

ルイーザは全ての学生の中で最も優秀です。

fra と tra は同じように使えます。ただし、イタリア語では同じ音の連続を避ける傾向にあるので、例えば「3 日後に」と言う場合、tra tre giorni とは言わず、fra tre giorni と言います。

➕部分冠詞（Articolo partitivo）

　これまで、「不定冠詞」「定冠詞」という冠詞について学びました。ここでは部分冠詞という冠詞について学んでいきましょう。部分冠詞とは、「前置詞 di + 定冠詞」のくっついた形で用いられ、漠然とした量や数を表します。

	単数形	複数形
男性	**del, dello, dell'**	**dei, degli**
女性	**della, dell'**	**delle**

①単数形

　部分冠詞の単数形は、通常、数えられない名詞の前で使います。「漠然とした量」もしくは「若干量」を表します。若干量は「いくらかの」とか「少しの」と訳せますが、話し手の状況や感覚によって使い分けられるため物理的な量を推し量るのはむずかしいです。

Ti ho portato del vino. 　君にワインを持ってきたよ。

Dammi del pane, per favore. 　お願い、パンを私に取ってちょうだい。

②複数形

　複数形は、通常、数えられる名詞の前で使います。「漠然とした数」もしくは「若干数」を表します。「いくつかの」とか「少しの」「何人かの」と訳せますが、こちらもやはり話し手の状況や感覚によるところがあるため実数を捉えることが難しいこともあります。

Alla festa ho ricevuto dei regali.

　　　　　　　　　　パーティーでプレゼントをいくつかもらいました。

Ci sono delle novità? 　何か新しいことはありますか？

前置詞 in

　「～に」「～で」を表す前置詞には a と in がありますが、使い分けが必要です。残念ながら完全な規則は存在しないのですが、in を使う場合はおおむね以下の法則にしたがいます。

①国や州・地方、大きな島の前（都市や小さな島の前では a）
　　Giorgio va in Giappone.　　ジョルジョは日本へ行く。
　　cf）Maria va a Tokyo.　　マリーアは東京へ行く。

　国名が複数形の場合、「前置詞＋定冠詞」の結合形になります。（例：negli Stati Uniti「合衆国に／で」、nelle Filippine「フィリピンに／で」）

②家の部屋（寝室、食堂など）や「～店」（本屋、肉屋など）の前
　　Luca è in camera da letto.　　ルカは寝室にいます。
　　Anna lavora in libreria.　　アンナは本屋で働いている。

③移動手段を表す（「徒歩で a piedi」と「馬で a cavallo」を除く）
　　Andiamo in bicicletta.　　私たちは自転車で行きます。
　　Vai in autobus?　　バスで行くの？

　con を使うこともできますが、その場合には定冠詞が必要です（例：con la bicicletta, con l'autobus）。ただし、移動手段ではなく状態を表す場合には Ho viaggiato in piedi perché non c'era posto in metro.「地下鉄で席が空いていなかったので、立っていました。」となります。

④決まった言い方として
　　in banca「銀行で／に」、in biblioteca「図書館で／に」、in campagna「田舎で／に」、in centro「中心地で／に」、in chiesa「教会で／に」、in città「街中で／に」、in giardino「公園で／に」、in montagna「山で／に」、in palestra「体育館で／に」、in piscina「プールで／に」、in ufficio「事務所で／に」、in vacanza「休暇中に」など

★ 練習問題1

　以下の「前置詞＋定冠詞」の結合形がそれぞれどの前置詞と定冠詞なのかを答えましょう。

1. Dalle 9 alle 11「9時から１１時まで」
　　　　　⇒_____＋_____／_____＋_____

2. La forza del destino「運命の力」　⇒_____＋_____

3. Nel parcheggio「駐車場（の中）で」⇒_____＋_____

4. Dagli zii「伯父たちのところに」　⇒_____＋_____

5. All'albergo「ホテルに」　　　　　⇒_____＋_____

6. Sull'acqua「水の上で」　　　　　⇒_____＋_____

★ 練習問題２

　（　　）に前置詞（もしくは前置詞＋定冠詞）を入れて、文を完成させましょう。

1. Stefania vive（　　　　　）Belgio（　　　　　）Gianni.
　　ステファニアはジャンニと一緒にベルギーに住んでいます。

2. Di solito mi alzo（　　　　　）6:00.
　　普段、私は６時に起きます。

3. Studio italiano（　　　　　）2 mesi.
　　私は２ヶ月前からイタリア語を勉強しています。

4. Dov'è il giornale? - È（　　　　　）tavolo.
　　新聞はどこにあるの？　―テーブルの上ですよ。

5.（　　　　　）dove sei? - Sono（　　　　　）Kyoto.
　　君はどこの出身なの？　―京都の出身です。

解答は P.229

◉ DL-40

Prendi un caffè?　コーヒー飲みますか？

- Sì, lo prendo.　ーはい、それをいただきます。

Io ti amo.　私はあなたを愛しています。

・・・

❶ この課で学ぶこと

・文のなかで直接目的語を見分けられるようにする。
・直接目的語になる人称代名詞を使えるようにする。

➕ 直接目的語とは

　「私はコーヒーを飲みます。」をイタリア語で言うと、Prendo un caffè. となります。このように「何を」「どうする」を表現する時の「何を」にあたる部分を直接目的語（「直接補語」と呼ぶ人もいます）と言います。ここでは、文の中で直接目的語になる人称代名詞を見ていきましょう。

➕ 直接目的語となる人称代名詞（Pronome diretto）

① 1 人称と 2 人称：主に人について使う

	単数	複数
1 人称	**mi**　「私を」	**ci**　「私たちを」
2 人称（親しい相手）	**ti**　「君を」	**vi**　「君たちを」

② 3 人称：人やモノ、事物に対して使う

	単数	複数
3人称男性	**lo**「彼を」「それを」	**li**「彼らを」「それらを」
3人称女性	**la**「彼女を」「それを」	**le**「彼女らを」「それらを」

敬称（フォーマルな相手）	**La**「あなたを」	**Li***「あなた方［男］を」 **Le***「あなた方［女］を」

*「敬称」の複数形 Li, Le は、公式な場での会話や文章を除いては、現代イタリア語ではあまり使われません。

● 直接目的語の人称代名詞の使い方

Prendi un caffè?
他動詞　直接目的語

他動詞

- Sì, lo prendo.

直接目的語代名詞（un caffè = lo）

- No, non lo prendo.

　直接目的語代名詞は基本的に動詞の直前に置きます。この代名詞は常に他動詞と1セットで使います。話す時には1つの単語であるかのように切らずに発音しましょう。

　mi, ti, lo, la は母音で始まる他動詞の前で **m', t', l'** となることがあります。

Io ti amo.［例文］⇒ **Io t'amo.**

　補助動詞 potere, volere, dovere などに続く不定詞に目的語になる代名詞がくっつく場合、「補助動詞の直前」に置くか、「不定詞の語尾 -e を落として結合」させます。

Devo comprare l'acqua.　　水を買わなければなりません。

　　⇒ **La devo comprare.** ／ **Devo comprarla.**

　1 人称と 2 人称は基本的に人を指します。3 人称では、人の場合と、モ
ノの場合があります。また、3 人称単数男性の lo を、前に示された文や
節そのものに置き換えることができます。

Dov'è la stazione centrale di Milano?　　ミラノ中央駅はどこですか？

　- Non lo so.（lo = dov'è la stazione centrale di Milano）

　ーそれを知りません。

　このほか、lo は essere と一緒に使われると述語補語になることがあり
ます。その場合、既に記された形容詞や名詞の代わりになります。

Carlo è studente, ma io non lo sono.（lo = studente）

　　　　　　　　　　カルロは学生ですが、私はそうではありません。

⊕ 会話などでの使われ方　　　　　　　　　　◎DL-41

　直接目的語を代名詞であらかじめ先に示すことがあります。

La conosci tu <u>Francesca</u>?（La = Francesca）

　　　　　　　　　　彼女、フランチェスカのこと知ってる？

Lo compro io <u>il latte</u>.（Lo = il latte）　　それ、牛乳は僕が買うよ。

　他動詞 avere と lo, la, li, le を一緒に使う場合、ce を前に添えます。また、
単数の代名詞 lo, la は、母音が省略され l' となります。

Hai un accendino?　ライター持ってる？

　- Sì, ce l'ho.　ーはい、ここにそれを持ってますよ。

Hai spiccioli?　小銭持ってる？

　- No, non ce li ho.　ーいいえ、それは持ち合わせていません。

　他動詞よりも先に直接目的語を示す場合、その後ろに直接目的語の代名詞を繰り返します。

La cena la prepari tu?（La cena = la）　夕食を君が準備してくれる？

Il pavimento non lo pulisco oggi.（Il pavimento = lo）

　床の掃除は今日やりません。

　フォーマルな表現では、相手が男性か女性かにかかわらず La を使います。

Signor Tagliavini, La ringrazio.

　　　　　　　　　　　　タリャヴィーニさん、あなたに感謝致します。

Signora Tagliavini, La ringrazio.

　　　　　　　　　　　　タリャヴィーニ夫人、あなたに感謝致します。

　また、相手が男性であっても、複合時制（第16課125頁参照）などで語尾の性数を一致させる必要がある場合には女性単数形にします。

Signor Tagliavini, L'ho vista stamattina sull'autobus.

　　　　　　　　　　　　タリャヴィーニさん、今朝バスであなたをお見かけしました。

⊕ 目的語人称代名詞の強勢形

	単数	複数
1人称	**me**「私」	**noi**「私たち」
2人称	**te** 「君」	**voi**「君たち」
3人称：男性（人） （モノ） 女性（人） （モノ）	**lui**「彼」 **esso**「それ」 **lei**「彼女」 **essa**「それ」	**loro**（**essi***）「彼ら」 **essi**「それら」 **loro**（**esse***）「彼女ら」 **esse**「それら」
敬称	**Lei**「あなた」	**Loro***「あなた方」

＊公式な場での会話や文章で使われます。

　目的語を対比させたり、強調したい場合には「強勢形」を使います。
直接目的語になる人称代名詞を強勢形で使う場合には、動詞の後ろに置きます（名詞と同じ場所）。

Io amo te, non lui.　　私が愛しているのはあなたよ、彼じゃないわ。

　また、前置詞と一緒に使う場合には、強勢形を使います。その場合には通常、動詞の後ろに置きます。

Vieni con me al cinema?　　私と一緒に映画を見に行かない？
Lucia risponde a me.　　ルチーアは私に返事をします。

★ 練習問題

下線の単語（直接目的語）を代名詞で置き換えて答えましょう。

1. Leggi questa rivista?　　- Sì, (　　　　) leggo.
   この雑誌、読む？

2. Prendete un caffè?　　- No, non (　　　) prendiamo.
   コーヒーを飲みますか？

3. Compri le banane?　　- Sì, (　　　) compro.
   バナナを買うの？

4. Mangi gli spaghetti?　　- No, non (　　　) mangio.
   スパゲッティ、食べる？

5. Mi ami?　　　　　　- Sì, (　　　) amo.
   私を愛している？

6. Ragazzi, ci aspettate qui?　- Sì, (　　　) aspettiamo.
   みんな、私たちのことをここで待っててくれる？

7. Sai se Giulio è fidanzato?　- No, non (　　　) so.
   ジュリオが婚約したかどうか知ってる？

8. Hai una sigaretta?　　　- No, non (　　　) (　　　) ho.
   タバコ持ってる？

9. Dov'è Marco?　　　- Non (　　　) so.
   マルコはどこ？

10. Devi comprare il biglietto?　- Sì, (　　　) devo comprare.
    切符を買わなきゃいけないの？

解答は P.229

第14課 間接目的語の人称代名詞

◉DL-43

Che cosa regali a Federico? フェデリーコに何をプレゼントするの？

- Gli regalo un portafoglio. － 彼にはお財布をプレゼントするよ。

Le piace il calcio? サッカーはお好きですか？

- No, non mi piace tanto. － いいえ、それほど好きではありません。

● この課で学ぶこと

・文のなかで間接目的語を見分けられるようにする。
・間接目的語の人称代名詞を使えるようにする。

➕ 間接目的語とは

「私はフランチェスカに電話をします。」をイタリア語で言うと、Telefono a Francesca. となります。このように「誰に」「どうする」を表現する時の「誰に」にあたる部分を間接目的語と言います（「間接補語」と呼ぶ人もいます）。

この a Francesca（前置詞 a ＋人）の部分を間接目的語と呼びます。おおむね「誰に」と訳せますが、「a ＋人」のように必ず前置詞を伴う要素であることに注意してください。ただし、Io saluto il professor Capponcelli. 「私はカッポンチェッリ教授に挨拶します。」は「カッポンチェッリ教授に」と訳せますが、salutare が他動詞なので、il professor Capponcelli は直接目的語になります。

⊕ 間接目的語になる人称代名詞 (Pronome indiretto)

🎧

	単数	複数
1人称	**mi** (= a me) 「私に」	**ci** (= a noi) 「私たちに」
2人称	**ti** (= a te) 「君に」	**vi** (= a voi) 「君たちに」
3人称	**gli** (= a lui) 「彼に」「それに」 **le** (= a lei) 「彼女に」「それに」	**loro / gli** (= a loro) ** 「彼たちに」「彼女たちに」「それらに」

敬称	**Le*** (= a Lei) 「あなたに」

* フォーマルな相手に対しては、男性に対しても、女性に対しても、3人称単数女性形を使います。
**3人称複数形は基本的には loro ですが、話し言葉では gli が使われることが少なくありません。

⊕ 間接目的語の人称代名詞の使い方　　　　　　　　◉DL-44

直接目的語

Che cosa regali a Federico? ［例文］ **- Gli regalo un portafoglio.**

間接目的語 (a Federico = gli)

　間接目的語になる人称代名詞も、直接目的語になるものと同じように、基本は動詞の直前に置きます（3人称複数の loro は例外）。この代名詞は常に他動詞と1セットで使います。話す時には1つの単語であるかのように切らずに発音しましょう。

　目的語代名詞は動詞の前に置かれるのが基本ですが、loro の場合のみ、動詞の後ろに置きます。

Io regalo ai bambini i giocattoli.

私は子供たちにおもちゃをプレゼントします。

⇒ Io gli regalo i giocattoli.　=　Io regalo loro i giocattoli.

3人称複数形 Loro をフォーマルな相手（複数）に使うこともなくはありませんが、相当改まった言い方か書き言葉に限られます。

間接目的語をとることが多い動詞

dare「与える」、dire「言う」、spedire「送る」、portare「運ぶ」、prestare「貸す」、promettere「約束する」、raccontare「話して聞かせる」、regalare「プレゼントする」、rispondere「返答する」、scrivere「書く」、telefonare「電話をする」

　直接目的語の代名詞と同じように、補助動詞の前、もしくは不定詞の語尾にくっつけることもできます。

Devi telefonare a Francesca?　　フランチェスカに電話しなきゃいけないの？
- Sì, le devo telefonare. = Sì, devo telefonarle.

　　　　　　　　　　　- うん、彼女に電話しなきゃいけないんだ。

　フォーマルな形では、相手が男性か女性かにかかわらず Le を使います。

Signor Tagliavini, Le do il mio biglietto da visita.（Le = a Lei）

　　　　　　　　タリャヴィーニさん、あなたに私の名刺をお渡しします。

Signora Tagliavini, Le do il mio biglietto da visita.

　　　　　　　　タリャヴィーニ夫人、あなたに私の名刺をお渡しします。

⊕ 間接目的語をとる自動詞

　イタリア語で「〜が好き」と言うときに、自動詞 piacere を使いますが、この場合、「好きだと感じている人」は主語ではなく、間接目的語になります。

間接目的語　　mi = a me

Mi piace la pizza margherita.　　私はマルゲリータのピッツァが好きです。
（直訳：マルゲリータのピッツァは私に気に入る）

自動詞
piacere

主語

つまり、「ピッツァ」が主語となり、ピッツァを好きな人（「a＋人」の部分）が間接目的語になるわけです。このように、イタリア語では、間接目的語とセットで使われる自動詞があります。このタイプの自動詞には、piacere「気に入る」、bastare「充分である」、mancare「足りない」、servire「必要である」、venire「生じる」などがあります。

Ti serve un asciugamano pulito?　　新しいタオルが必要ですか？

主語が複数になると、動詞の活用形もそれに応じて 3 人称複数の形になります。

Mi piacciono gli spaghetti alle vongole.　　私はボンゴレのパスタが好きです。
Ti bastano 15 minuti di pausa?　　休憩は 15 分で充分ですか？
Vi serve aiuto?　　助けが必要ですか？

また、主語を不定詞にすることもできます。その場合、動詞の活用形は 3 人称単数になります。
Ci piace viaggiare.　　私たちは旅行するのが好きです。

➕ **間接目的語と直接目的語の人称代名詞を一緒に使う場合**　　🔊 DL-45
「私はフェデリーコにお財布をプレゼントします。」のように「誰に」「何を」の部分を代名詞で置き換える場合、

Regalo a Federico un portafoglio.

   ↓   ↓

   gli [間接]   **lo** [直接]

「間接目的語＋直接目的語」の順で置きます。その際、以下の表のように
音が変化します。

	lo	la	li	le
mi 「私に」	**me lo**	**me la**	**me li**	**me le**
ti 「君に」	**te lo**	**te la**	**te li**	**te le**
gli 「彼に」	**glielo**	**gliela**	**glieli**	**gliele**
le 「彼女に」				
Le 「あなたに」	**Glielo**	**Gliela**	**Glieli**	**Gliele**
ci 「私たちに」	**ce lo**	**ce la**	**ce li**	**ce le**
vi 「あなたたちに」	**ve lo**	**ve la**	**ve li**	**ve le**
gli 「彼らに」	**glielo**	**gliela**	**glieli**	**gliele**

　例えば、「私は君にそれをプレゼントします。」であれば次のように言い
ます。

Te lo regalo.

　間接目的語が 3 人称の場合は、単数／複数、男性／女性にかかわらず、
いずれも glielo, glieli, gliela, gliele となります。

　「間接目的語＋直接目的語」の連続した形を補助動詞と一緒に使う場合、
やはり補助動詞の前に置くことも、不定詞の語尾にくっつけることもでき
ます。例えば、Devo dare a Maria questa rivista.「マリアにこの雑誌をあ
げなきゃいけない。」のような文で、間接目的語と直接目的語を目的語代
名詞に置き換えると次のようになります。

Gliela devo dare. ＝ Devo dargliela.　　彼女にそれをあげなきゃいけない。

★ 練習問題 1

下線部分を間接目的語の人称代名詞に置き換えて、文を言い直しましょう。

1. Chiedo <u>ai ragazzi</u> di venire domani. → ----------------------------------
   少年たちに明日来るようにお願いします。

2. <u>A mia zia</u> telefono spesso. → --
   叔母にはよく電話をかけます。

3. <u>Ai miei genitori</u> piace l'Italia. → ------------------------------------
   私の両親はイタリアが好きです。

4. Voglio scrivere <u>a Marco</u>. → --
   マルコに手紙を書きたい。

5. Regaliamo <u>a te</u> un computer. → -------------------------------------
   私たちは君にコンピューターをプレゼントします。

★ 練習問題 2

（　　　）に適切な人称代名詞を入れましょう。

1. Se ti serve la macchina, （　　　　　　　　） presto io.
   車が必要なら、貸してあげるよ。

2. Mi piace questo anello, （　　　　　　　　） regali?
   この指輪を気に入ってるんだけど、プレゼントしてくれない？

3. Scrivi un SMS a Marco? - No, non （　　　　　　　　） scrivo.
   マルコにショートメッセージ書くの？ーいいや、書かないよ。

4. Se fate collezione di francobolli （　　　　　　　　） spedisco dal Giappone.
   切手の収集をしているのなら、日本から送ってあげるよ。

5. Se i tuoi genitori vogliono vedere le foto, perché non （　　　　　　　　）
   mandi via internet?
   君の両親が写真を見たいなら、インターネット経由で送ってあげなよ。

解答は P.229

第 15 課 再帰代名詞

◎DL-46

Anna veste Luisa.　アンナはルイーザに服を着せます。

Anna si veste.　アンナは服を着ます。

Paolo e Francesca si amano.

パオロとフランチェスカは愛し合っています。

・・

❶この課で学ぶこと

・主語と同じ人称・数を表し、主に「自分自身、それ自身」を意味する再帰代名詞について学ぶ。

・再帰代名詞の役割を見分け、使えるようにする。

➕再帰代名詞（Pronome riflessivo）とは

「再帰」とは、2 つ目の例文のように「アンナは自分に服を着せる＝アンナは服を着る」のように、主語のとる行動が主語自身にもどってくることを意味します。つまり、再帰代名詞とは、主語と同じ「自分自身、それ自身」を指す代名詞のことです。

主語代名詞	再帰代名詞	主語代名詞	再帰代名詞
io	**mi**	noi	**ci**
tu	**ti**	voi	**vi**
lui/lei/Lei	**si**	loro	**si**

フランス語などの区分にならって再帰代名詞と 1 セットで使う動詞が代名動詞と呼ばれることもあります。また、辞書などでは再帰代名詞の用法によって再帰動詞と代名動詞（代名自動詞）が区別されているものもあります。

このように再帰代名詞と1セットで使う動詞があります。このような動詞を本書ではまとめて再帰動詞と呼ぶことにします。

⊕再帰動詞の活用形

　1つめの例文に出てくる動詞 vestire は「服を着せる」を意味する他動詞です。主語が Anna「アンナ」、直接目的語は Luisa「ルイーザ」となります。それに対して、2つ目の例文では、主語は「アンナ」のままですが、直接目的語に相当する代名詞は si、つまり「アンナ自身」となっています。つまり、主語と直接目的語が同じ人を指しています。このように、主語と同じ人やモノを指す代名詞と1セットで使う動詞 (vestire + si) のことを、再帰動詞と呼びます。

vestirsi「服を着る」の活用形　

io	**mi vesto**	noi	**ci vestiamo**
tu	**ti vesti**	voi	**vi vestite**
lui/lei/Lei	**si veste**	loro	**si vestono**

　不定形は、もともとの動詞 vestire の語尾に再帰代名詞（3人称の形）si をくっつけて vestirsi となります。辞書では、vestire の項の最後の部分に vestirsi の見出しがあります。

　再帰代名詞は、1人称と2人称では直接目的語や間接目的語の人称代名詞と同じ mi, ti, ci, vi が使われ、3人称では si が使われます。

　活用形に関しては、もともとの動詞の前に再帰代名詞を置くだけです。vestirsi であれば、vestire（-ire 動詞の規則変化）の前に mi, ti, si, ci, vi, si を置くだけです。ですから、alzarsi「起きる」であれば -are 動詞の規則変化活用に従って、mi alzo, ti alzi, si alza, ci alziamo, vi alzate, si alzano となります。

➕再帰代名詞の役割

①本質的再帰動詞

　さきほどの例文では、再帰代名詞の si は、直接目的語の役割を果たしていました。この他、間接目的語の役割を果たす場合もあります。

| 直接目的語の役割を果たす再帰代名詞 |

Mi lavo.　（私の [me] ）体を洗う。

Mi lavo le mani.　（私において [a me]）手を洗う。

| 間接目的語の役割を果たす再帰代名詞 |

②相互的再帰動詞

　再帰動詞の中には、「お互いに〜し合う」を意味する使い方があります。これを相互的再帰動詞と言います。相互的という名称からもわかるように、このタイプでは主語は複数（noi, voi, loro）しかなく、活用形も複数のものしかありません。

amarsi「愛し合う」の活用形　🎧

noi	**ci amiamo**
voi	**vi amate**
loro	**si amano**

　例文 Paolo e Francesca si amano.「パオロとフランチェスカは愛し合っています」は、Paolo ama Francesca.「パオロはフランチェスカを愛しています」と、Francesca ama Paolo.「フランチェスカはパオロを愛しています」を1つにした形です。

③感情的再帰動詞

　再帰代名詞のもうひとつ別の使い方として、動詞の意味合いを強く表し

たい場合に再帰代名詞を添えることがあります。このタイプを感情的再帰動詞と言います。動詞の意味合いを強調しない場合には、再帰代名詞を用いません。

Mi bevo una birra. = Bevo una birra. 私はビールを飲みます。

➕ **自動詞的再帰動詞** DL-47

　再帰代名詞と 1 セットで使う動詞のうち再帰代名詞が直接目的語と間接目的語のいずれにも当てはまらないものがあります。本書ではこのタイプの動詞を自動詞的再帰動詞と呼ぶことにします（代名動詞と呼ばれることもあります）。

Perché ti arrabbi sempre con me?

どうして君はいつも僕に腹を立てているんだい？

主な自動詞的再帰動詞	
accorgersi di 〜「〜に気付く」	annoiarsi a 〜「〜に退屈する」
arrabbiarsi「怒る」	innamorarsi di 〜「〜に恋する」
meravigliarsi di 〜「〜に驚く」	pentirsi「悔やむ」
ricordarsi di 〜「〜を記憶している」	vergognarsi「恥じる」など

　自動詞的再帰動詞のなかには、再帰代名詞 si と代名小詞 ne を慣用的に伴うものがあります。この場合、本来の動詞の意味が強められる場合が一般的です。このタイプには、andarsene（andare + si + ne）「立ち去る」、starsene「じっとしている」などの動詞があります。

andarsene の活用形 🎧

io	**me ne vado**	noi	**ce ne andiamo**
tu	**te ne vai**	voi	**ve ne andate**
lui/lei/Lei	**se ne va**	loro	**se ne vanno**

第 15 課　再帰代名詞　**117**

Te ne vai?　君は帰るの？

⊕補助動詞と再帰動詞

　第 10 課で学んだように、補助動詞は後ろに動詞の不定詞を従えて使います。補助動詞の後ろに再帰動詞が来る場合、動詞本体の部分は不定詞のままですが、再帰代名詞の部分は主語に対応して mi, ti, si, ci, vi, si のいずれかに変化します。再帰代名詞は補助動詞の前に置いても、再帰動詞の語尾にくっつけてもかまいません。

Domattina vi dovete alzare presto.
= Domattina dovete alzarvi presto.

明朝、君たちは早く起きなければなりません。

⊕再帰代名詞を直接目的語の代名詞と一緒に使う場合

　再帰代名詞が間接目的語の役割を果たす場合、直接目的語の代名詞 lo, la, li, le と一緒に使うことができます。その際、第 14 課で学んだように 2 つの代名詞の音は次のように変化します。

	lo	la	li	le
mi	me lo	me la	me li	me le
ti	te lo	te la	te li	te le
si	se lo	se la	se li	se le
ci	ce lo	ce la	ce li	ce le
vi	ve lo	ve la	ve li	ve le
si	se lo	se la	se li	se le

Quando ti tagli i capelli?　いつ髪を切るの？
- Me li taglio domani.　- 明日髪を切ります。

★ 練習問題 1

以下の空欄に再帰動詞の活用形（直説法現在）を書きましょう。

	① alzarsi	② mettersi	③ sentirsi	④ andarsene
io		mi metto		me ne vado
tu	ti alzi		ti senti	
lui/lei/Lei			si sente	
noi	ci alziamo			ce ne andiamo
voi		vi mettete		
loro				

★ 練習問題 2

以下に挙げた再帰動詞を 1 人称単数 io に活用させた上で（　　　）に入れ、文を完成させなさい。

alzarsi「起き（上が）る」	asciugarsi「乾かす」	vestirsi「服を着る」	
farsi la doccia「シャワーを浴びる」	pettinarsi「髪をとかす」		
svegliarsi「目を覚ます」	truccarsi「化粧をする」		

1. (　　　　　　　) alle 6:00.　　　　私は 6 時に目を覚まします。

2. (　　　　　　　) alle 6:20.　　　　私は 6 時 20 分に起き（上がり）ます。

3. (　　　　　　　) la doccia.　　　　私はシャワーを浴びます。

4. (　　　　　　　) i capelli e (　　　　　　　).
　　　　　　　　　　　　　　　　　私は髪を乾かして、とかします。

5. (　　　　　　　) e (　　　　　　　).　私は服を着て、化粧をします。

解答は P.229

まとめ （第**11**課から第**15**課）

【第 **11** 課】　名詞の指し示すものが誰のものなのかを人称で示す言葉を学びました。名詞と一緒に使うものを所有形容詞と言います。所有形容詞の語尾は、所有者ではなく、所有物の性数に一致させる点に注意してください。例えば、il mio libro は libro「本」が男性名詞なので mio となり、私が男性なのか女性なのかは問題にはなりません。文脈から名詞が何であるのか明らかな場合には「定冠詞＋所有形容詞」の形で使い、これを所有代名詞と言います。

【第 **12** 課】　「これ」とか、「あれ」「それ」のように、話し手の近くや遠くにある人やモノを指し示すことのできる語について学びました。単独で使う場合（指示代名詞）と名詞の前に置いて使う場合（指示形容詞）があります。指し示す名詞の性数に合わせて語尾を変化させなければなりません。quello を指示形容詞として使う場合には、「di ＋定冠詞」の結合形と同じ語尾になるので参考にするとよいでしょう。

　12課では、前置詞の主な用法、および前置詞と定冠詞の結合形についても学びました。さらに、漠然とした量や数を表す「部分冠詞」についても学びました。部分冠詞は、「1つ、2つ」のように数えられる名詞の複数形に付けると、漠然とした数「いくつかの」を表し、数えられない名詞の単数形に付けると「いくらかの（量）」を表します。

【第 **13** 課】　文のなかで直接目的語になる語とその代名詞について学びました。他動詞を使った文には、通常、直接目的語があります。直接目的語の代名詞は普通、動詞の前に置きます。直接目的語の代名詞を強調したい場合には、強勢形を使いますが、その際には本来の直接目的語の位置（動詞の後ろ）に置きます。

【第 **14** 課】　文のなかで間接目的語になる語とその代名詞について学びました。ほとんどの場合「誰々に」と訳せますが、日本語の訳語と必ずしも一致するわけではないので注意してください。イタリア語で「a ＋人」の部分

に相当するのが間接目的語です。piacere「気に入る」のような自動詞では、気に入る対象が主語となり、気に入っている人が間接目的語になります。

また、直接目的語と間接目的語の代名詞を同時に使う場合の形も学びました。

【第 15 課】　イタリア語では、主語のとった行動が自分自身に影響を及ぼす（主語と目的語の人称が同じ）場合、目的語に相当する部分を代名詞で表し、これを再帰代名詞と呼びます。主語が複数の場合、「お互いに〜し合う」という意味で用いることもあります。

　また、いくつかの動詞は「再帰代名詞＋動詞」の形で一種の自動詞のように使われます（accorgersi「気付く」など）。このタイプでは再帰代名詞は目的語の役割を担っていません。

◉DL-48

Elena ha comprato un biglietto.

　　　　　　　　　　　　エレナはチケットを 1 枚買いました。

È andata al cinema. 　彼女は映画館に行きました。

・・・

❸この課で学ぶこと

・過去時制のひとつ、近過去について学ぶ。

・近過去の作り方と使い方について学ぶ。

✚時制とは

　時制とは、動詞の表す動作や状態が「いつのものか」という時間の関係性を動詞の変化（活用）によって示すことです。

　時制には、大きく分けて「現在時制」「過去時制」「未来時制」の 3 つがあります。これは、現実の世界の時間とはズレることもあるので注意してください（例えば、Stasera mangio una pizza. という文を「今晩、ピッツァを食べます」の意味で使う場合、動詞の形は現在形でありながら、今後の行動（未来）を表しています）。ここでは過去時制のひとつ、近過去を学びます。

✚近過去（[Indicativo] Passato prossimo）の作り方

avere もしくは essere の現在形	＋	過去で表現したい 動詞の過去分詞

　ここでの avere もしくは essere を「助動詞」と言います。このように、「助

動詞＋過去分詞」の形（２つの動詞を合わせて）表す時制を「複合時制」と言います。これに対して１つの動詞の活用だけで表す時制を「単純時制」と言います。複合時制の助動詞に avere を使うのか、essere を使うのかは、本課「助動詞 avere, essere の見分け方」で触れます。

⊕過去分詞の作り方

　複合時制を作るために必要な過去分詞の作り方を見ていきましょう。まずは規則的な変化をするものです。

-are 動詞：compr**are**	→ compr**ato**
-ere 動詞：ricev**ere**	→ ricev**uto**
-ire 動詞：dorm**ire**	→ dorm**ito**

avere の過去分詞は規則的な形 avuto になります。

⊕不規則変化をする過去分詞

　すべての動詞が規則的な過去分詞の変化形を持つわけではなく、不規則な変化形を持つ過去分詞も少なくありません。とはいえ、不規則変化のなかには、**-tto, -rto, -nto, -lto, -so, -sto, -rso, -sso** のようなパターンを見つけることができます。覚える際の助けとしてみてください。

① -tto タイプ

cuocere「料理する」→ **cotto**　　dire「言う」→ **detto**　　fare「する」→ **fatto**
rompere「壊す」→ **rotto**　　scrivere「書く」→ **scritto**　　など

② -rto タイプ

aprire「開ける」→ **aperto**　　coprire「覆う」→ **coperto***
morire「死ぬ」→ **morto**　　offrire「おごる」→ **offerto***　　など

③ -nto タイプ

aggiungere「加える」→ **aggiunto**　dipingere「描く」→ **dipinto**

spegnere「消す」→ **spento**　spingere「押す」→ **spinto**

vincere「勝つ」→ **vinto**　など

④ -lto タイプ

raccogliere「集める」→ **raccolto**　risolvere「決する」→ **risolto**

scegliere「選ぶ」→ **scelto**　など

⑤ -so タイプ

chiudere「閉める」→ **chiuso**　decidere「決める」→ **deciso**

prendere「取る」→ **preso**　spendere「費やす」→ **speso**　など

⑥ -sto タイプ

chiedere「尋ねる」→ **chiesto**　porre「置く」→ **posto**

rimanere「留まる」→ **rimasto**　rispondere「答える」→ **risposto**

vedere「見る」→ **visto****　など

⑦ -rso タイプ

correre「走る」→ **corso**　perdere「失う」→ **perso****　など

⑧ -sso タイプ

discutere「議論する」→ **discusso**　esprimere「表現する」→ **espresso**

mettere「置く」→ **messo***　succedere「起こる」→ **successo**　など

---

* soffrire「苦しむ」→ sofferto、scoprire「発見する」→ scoperto、permettere「許可する」
　→ permesso ように、単語内に同じ音の部分があるものは同様の変化（不規則）をします。

** vedere と perdere の過去分詞には、規則変化の veduto、perduto もありますが、現代イタリア
　語ではほとんど使われません。

⊕助動詞 avere, essereの見分け方　　　　　　◉DL-49

　助動詞に avere, essere のいずれを使うのかは、過去で表現したい動詞が、どのような動詞なのかによって判断します。確実に見分けるには辞書を調べるのが一番ですが、おおむね以下のような見分け方があります。

①助動詞に avere を使うもの

すべての他動詞（直接目的語があるもの）は必ず avere	**Ho mangiato** una pizza. 私はピッツァを食べました。 Mia moglie **ha cucinato** il pesce. 私の妻は魚を料理しました。
「動作」を表す自動詞は avere	Ieri **ho lavorato** tanto. 昨日、私はたくさん働きました。

②助動詞に essere を使うもの

「変化・動き」を表す自動詞は essere	Maria **è partita** per Parigi.* マリーアはパリに出発しました。 Ieri **siamo andati** in piscina. 昨日、私たちはプールに行きました。
すべての再帰動詞は必ず essere（再帰動詞→第15課参照）	**Mi sono alzato** alle 5. 私は5時に起きました。 I bambini **si sono lavati** le mani. 子供たちは手を洗いました。

* Maria è partita per Parigi.　マリーアが女性単数なので partita となる

　avere か essere かを見分けなければならないのは、自動詞の場合のみです。助動詞に essere を使う場合、過去分詞の語尾を主語の性数に一致させなければなりません（形容詞のように扱う：-o, -i, -a, -e）。

　また、補助動詞 dovere、potere、sapere、volere を近過去にする場合、基本的に後ろに来る動詞（不定詞）に従って助動詞を選択します。例えば Siamo voluti andare a Genova.「私たちはジェノヴァに行きたかった。」であれば、andare なので essere を、Abbiamo voluto cenare fuori.「私たちは外で夕食を取りたかった。」であれば cenare なので avere を使います。

➕ 近過去の使い方

基本的に現時点で完了している出来事や現在から近い過去に起こった出来事を示すために使います。現在から見て遠い過去でも、現在と何らかの関わりがあるという意識がある事柄には近過去を使います。

Ieri ho comprato una macchina.　　昨日、私は新車を一台購入しました。

Ho comprato questa macchina 10 anni fa.

私は 10 年前にこの車を購入しました。

動詞の持つ意味合いによっては現時点までの経験を示すこともあります。

Non sono mai stato in Zimbabwe.　　私はジンバブエに行ったことがありません。

➕ 近過去の活用形　　　　　　　　　　　　　　🎧 ⚫DL-50

	comprare「買う」	andare「行く」	alzarsi「起きる」
io	ho comprato	sono andato/a	mi sono alzato/a
tu	hai comprato	sei andato/a	ti sei alzato/a
lui	ha comprato	è andato	si è alzato
lei	ha comprato	è andata	si è alzata
Lei	ha comprato	è andato/a	si è alzato/a
noi	abbiamo comprato	siamo andati/e	ci siamo alzati/e
voi	avete comprato	siete andati/e	vi siete alzati/e
loro	hanno comprato	sono andati/e	si sono alzati/e

助動詞 essere を使って近過去を作る場合には、過去分詞の語尾を主語の性数に一致させる。3 人称単数（敬称）の場合は、相手が男性か女性かで決める。

Signor Yoshida, Lei è venuto da Yokohama?

吉田さん、横浜からいらしたのですか？

Signorina Iwata, Lei è venuta da Tokyo?

岩田さん、東京からいらしたのですか？

近過去のフレーズでよく使う表現

ieri「昨日」　　　l'altro ieri「一昨日」　　　la settimana scorsa「先週」

il mese scorso「先月」　　　l'anno scorso「去年」　　　due giorni fa「二日前」

　直接目的語のある文では、常に他動詞が使われます。つまり、「avere ＋ 過去分詞」の形で近過去を表現します。その際、直接目的語の人称代名詞（3 人称 lo, la, li, le）を一緒に使う場合、過去分詞の語尾を直接目的語の性数と一致させます。

Hai bevuto l'aranciata? - Sì, l'ho bevuta.

　　　　　　　　君は炭酸オレンジジュースを飲みましたか？ ―はい、それを飲みました。

直接目的語の代名詞 lo, la は母音で始まる動詞の前で、l' となります。ただし、複数形の li, le は省略されません。

Avete mangiato gli spaghetti al pomodoro? - Sì, li abbiamo mangiati.

　　　　　　　　君たちはトマトソース・スパゲッティを食べたの？―はい、それを食べました。

　間接目的語代名詞と直接目的語代名詞が連続する場合にも、やはり過去分詞の語尾を直接目的語の性数と一致させます。例えば次の例文を見てください。

Hai prestato la macchina a tua moglie? - Sì, gliel'ho prestata.

　　　　　　　　奥さんに車を貸してあげたの？―うん、（彼女にそれを）貸したよ。

　間接目的語の a tua mogile「（君の）奥さんに」が le に、直接目的語の la macchina「車を」が la となって le ＋ la ＝ gliela となります。また、gliela の a が省略され gliel' となり、過去分詞 prestato の語尾もそれに合わせて prestata となります。

　1 人称と 2 人称の代名詞では、過去分詞の語尾を一致させても、させなくてもかまいません。

Enzo ci ha invitati a cena.　　　エンツォは私たちを夕食に招待してくれました。

「私たち」が全員女性であれば invitate となりますが、過去分詞を直接目的語の性数に一致させない場合は invitato のままです。

★ 練習問題

　　（　　　）内の動詞を近過去にして文を完成させましょう。

1. Mario e Luigi -------------------- a scuola presto.（arrivare）
   マリオとルイージは学校に早く着きました。

2. Anna -------------------- una brava ballerina.（diventare）
   アンナは優秀なバレリーナになりました。

3. Luca -------------------- una bella bambina.（avere）
   ルカは可愛らしい女の子（娘）をさずかりました。

4. Noi -------------------- la spesa al supermercato.（fare）
   私たちはスーパーマーケットで買い物をしました。

5. Francesca e Roberta -------------------- per Genova.（partire）
   フランチェスカとロベルタはジェノヴァに向けて出発しました。

6. Che cosa -------------------- a colazione stamattina?（tu: mangiare）
   今朝、朝食に何を食べましたか？

7. Ieri sera io e mia moglie -------------------- la televisione fino a tardi.
   （guardare）
   昨晩、私と妻は遅くまでテレビを見ました。

8. -------------------- l'autobus per venire qui?（Lei: prendere）
   あなたはここに来るのにバスに乗りましたか？

9. Come -------------------- la festa?（andare）
   パーティーはどうでしたか？

10. I miei figli mi -------------------- una cartolina da Bologna.（spedire）
    私の息子たちがボローニャから絵葉書を送ってきました。

解答は P.229

さまざまな疑問詞（1）

　イタリア語の疑問文には、肯定文に？を付けて sì か no かをたずねるものと、疑問詞を使って具体的な答えをたずねるものがあります。前者については第4課で説明しました。ここでは後者の代表的なものを見てみましょう。

Che「何」（Cosa, Che cosa を使うこともある）

　モノについてそれが何であるかたずねる際に使う疑問代名詞です。

　　Che c'è sul divano?　　ソファーの上には何がありますか？
　　Che cosa è questo?　　これは何ですか？

Che ～「どんな～」

　種類や性質、程度を知りたい時に使う疑問形容詞です。

　　Che lavoro fai?　　どんな仕事をしているの？
　　Che ore sono?　　何時ですか？

Chi「誰」

　人についてそれが誰なのかを訊ねる際に使う疑問代名詞です。

　　Adesso chi canta?　　今度は誰が歌いますか？
　　Con chi esci stasera?　　今晩、誰と外出するの？

Come「どのように」「どうやって」

　様子、方法などを知りたい時に使う疑問副詞です。

　　Come stai?　　元気ですか？
　　- Sto bene, grazie. E tu?　　-元気です、ありがとう。で、君の方は？
　　Come venite da me?　　どうやって私のところに来るの？
　　- Ci accompagna Luca.　　-ルカが送ってくれます。

Dove「どこで（に／へ）」

　場所を訊ねる時に使う疑問副詞です。

　　Dove andiamo?　　どこに行きましょうか？
　　Di dov'è Lei?　　あなたはどちらの出身ですか？

第 17 課　代名小詞 ci と ne

◉DL-52

Vieni al cinema con me? 　私と一緒に映画を見に行きませんか？
- Sì, ci vengo volentieri. 　－はい、よろこんで行きます。

Posso contare sul tuo aiuto? 　あなたの助けをあてにしてもいいかな？
- Certo, ci puoi contare! 　－もちろん、あてにしていいよ。

Quanti anni hai? 　歳はいくつなの？
- Ne ho trenta. 　－ 30 歳です。

・・

➊この課で学ぶこと

・代名小詞 ci（主に場所を表す表現での ci の用法）と ne（主に数量表現
　を伴う表現での ne の用法）について学ぶ。

➕代名小詞 ci の使い方①

　これまで ci については、直接目的語「私たちを」になる場合と、間接
目的語「私たちに」になる場合、そして再帰代名詞「私たち自身を／に」
としての使い方を見てきました（第 13 課、第 14 課、第 15 課参照）。

　ここでは、すでに話題に上った場所を示す（副詞としての）使い方を見
ていきましょう。例文の Vieni al cinema con me? - Sì, ci vengo volentieri.
の表現では、al cinema「映画館に」を繰り返す代わりに、「そこに（＝映
画館に）」と ci で置き換えています。このように「前置詞＋場所を表す名詞」
の代わりとして ci を使うことができます。

Quando vai in banca?　　いつ銀行に行くの？

- Ci vado domani.（ci = in banca）　　―明日行きます。

Passi da Genova per andare a Firenze?

　　　　　　　　　　フィレンツェに行くのにジェノヴァを通るの？

- No, non ci passo.（ci = da Genova）　　―いいえ、通りません。

　代名小詞の ci もやはり、通常は動詞の前に置かれますが、補助動詞を伴う場合には動詞（不定詞）の語尾にくっつけることもできます。

Vieni a Roma con noi?　　私たちと一緒にローマに来ませんか？

- No, non ci posso venire. ／ **- No, non posso venirci.**

　　　　　　　　　　―いいえ、無理なんです。

　また、動詞 essere の 3 人称単数 è の前では ci が c' となります。

Gianluca è andato a Roma?　　ジャンルーカはローマに行ったの？

- No, non c'è andato.　　　　　―いいえ、行っていません。

➕ **代名小詞 ci の使い方②**

　場所を表す副詞以外に、すでに出てきたことがらを指して指示代名詞として使うことができます。

　例文の Posso contare sul tuo aiuto? - Certo, ci puoi contare. の表現では、質問に答える人が sul mio aiuto を繰り返す代わりに、「そのことを」と ci で置き換えています。このように、「前置詞＋名詞／代名詞（もしくは句）」の代わりとしても ci を使うことができます（前置詞は a の他に、con, su, in, di なども）。

Tu lavori con questo computer?　あなたはこのコンピューターで仕事をしますか？

-No, ci lavora Franca.（ci = con questo computer）

ーいいえ、フランカが使います。

Pensi a Francesca?　フランチェスカのことを考えているのかい？

- Sì, ci penso sempre.（ci = a Francesca）　ーうん、いつも考えているよ。

Non riesco ad aprire questa bottiglia, proprio non ci riesco.

（ci = ad aprire questa bottiglia）

この瓶を上手く開けることができない、まったくもってできないよ。

➕ 代名小詞 ne の使い方①　　　　　　　　　　　　　　🔊DL-53

　数量に関わる表現をするときに使える ne について見ていきましょう。まず、数に関する表現について見ていきます。例文の Quanti anni hai?
- Ne ho trenta. の表現では、Ho trenta anni. と anni「〜歳」を繰り返す代わりに ne で置き換えています。このように数に関わる表現において、名詞の代わりに使うことができます。

Quante sigarette fumi al giorno?　一日に何本煙草を吸いますか？

- Ne fumo dieci.（ne = sigarette）　ー 10 本吸います。

　また、名詞そのものの代わりにならない場合でも「〜をいくつ（どれくらい）」の「〜を」に相当する部分を ne で表すことができます。

Faccio il tè e ne bevo tre tazze.　お茶を入れて、カップに 3 杯飲みます。

この場合、ne を「〜については」と考えると理解しやすいでしょう。

　ただし、「〜を全部」tutto/i/a/e と言う場合には、ne を使うことはできません。その場合には直接目的語代名詞 lo, li, la, le が使われます。

Quanta torta vuoi?　（ホール）ケーキのどれくらいが（を）欲しいですか？

- La voglio tutta.　－（そのケーキ）全部欲しいです。

- Ne voglio un po'（**una fetta** / **tanta**）.

　　　　　　　　　　　　　　－少し（ひときれ / たくさん）欲しいです。

欲しくないと言う場合には、Non ne voglio. と言います。

ne は他の目的語代名詞と同様、動詞の前に置かれますが、補助動詞を伴う場合には動詞（不定詞）の語尾にくっつけることもできます。

Devi scrivere tante e-mail?　たくさんのeメールを書かなくてはいけないの？

- Ne devo scrivere dieci. / Devo scriverne dieci.

　　　　　　　　　　　　　　－10通書かなければなりません。

また、数量を表す表現で使われる ne が複合時制で用いられる場合、ne が指しているものの性数に合わせて過去分詞の語尾を変化させます。

Quante riviste hai comprato?　雑誌を何冊買ったの？

- Ne ho comprata <u>una</u>. / - Ne ho comprate <u>due</u>.　　－1冊（2冊）買いました。
　　　　　　　↓　　　　　　　　　　　　　↓
　　　　　una rivista.　　　　　　due riviste

rivista「雑誌」を一冊も購入しなかった場合、女性単数にします。

- Non ne ho comprata nessuna.　　1冊も買いませんでした。

Avete già ricevuto qualche regalo per il matrimonio?

　　　　　　　　君たちは結婚祝いのプレゼントをすでにいくつか受け取りましたか？

- Sì, ne abbiamo ricevuto uno.　　－はい、ひとつ受け取りました。

- Sì, ne abbiamo ricevuti tanti.　　－はい、たくさん受け取りました。

- No, non ne abbiamo ricevuto nessuno.

　　　　　　　　　　　　－いいえ、まったく受け取っていません。

●代名小詞 ne の使い方②

　ここからは、数量に関わらない表現での ne の用法を見ていきましょう。ne は、すでに話題に上ったことがらや人を指すことも出来ます。その場合、「前置詞 di もしくは da」＋「名詞・代名詞もしくは句」を ne で置き換えることになります。下に示した例文 Parlate dei vostri problemi? - Sì, ne parliamo dopo. では、質問に答える人（私たち）が Sì, parliamo dei nostri problemi のように dei nostri problemi を繰り返す代わりに「そのことについては」を ne で置き換えています。また、数量に関わらない表現の ne では、複合時制の過去分詞の語尾を変化させません。

Avete parlato dei vostri problemi?　　　君たちの問題について話し合ったの？
- Sì, ne abbiamo parlato.（ne = dei [nostri] problemi）

　　　　　　　　　　　　　　　　　　－はい、それについて話し合いました。

Ho letto questo articolo e ne sono rimasto colpito.

　　　　　　　　　　　　　　　　（ne = da questo articolo）

　　　　　　　　　　　　　私はこの記事を読んで、衝撃を受けました。

★ 練習問題

以下のイタリア語の文に答えましょう。点線部には主に代名小詞（ci, ne）と動詞が入ります。

1. Vai in ufficio domani?　　　- Sì, _ _ _ _ _ _ _ _ _ _ _ _ _ _ _ _ .
   明日、事務所に行くの？　　　　　　－はい、行きます。

2. Quanti anni hai?　　　- _ _ _ _ _ _ _ _ _ _ _ _ _ _ _ venti.
   歳はいくつですか？　　　　－20 歳です。

3. Hai messo l'aceto nell'insalata?　　　- Sì, _ .
   サラダにワインヴィネガーをかけたの？　　　　－うん、かけたよ。
   ［ヒント］「そこに」と「それを」を同時に使うかたちになります（第 14 課参照）。

4. Sei mai stata in Italia?　　　- Sì, _ _ _ _ _ _ _ _ _ _ _ _ _ _ _ tre volte.
   （女性に対して）イタリアに行ったことがありますか？　　　－はい、3 回行きました。

5. Quanti panini mangiate?　　　- _ _ _ _ _ _ _ _ _ _ _ _ _ _ _ quattro.
   パニーニをいくつ食べますか？　　　－4 個食べます。

6. Daniele è tornato a Milano?　- No, non _ _ _ _ _ _ _ _ _ _ _ _ _ _ _ .
   ダニエーレはミラノに帰ったの？　　－いいえ、彼は帰っていません。

7. Chi abita nell'appartamento al primo piano?

   - _ _ _ _ _ _ _ _ _ _ _ _ _ _ _ _ _ _ _ un ingegnere.

   このマンションの 2 階には誰が住んでいますか？　－エンジニアの人が住んでいます。

8. Hai trovato le scarpe?　　　- No, _ _ _ _ _ _ _ _ _ _ _ _ _ _ _ solo una.
   靴は見つかりましたか？　　　　　－いいえ、片方だけしか見つかっていません。

9. Pensi ancora a Laura, vero?　- Sì, _ _ _ _ _ _ _ _ _ _ _ _ _ _ _ sempre.
   ラウラのことをまだ考えているんだろ？　　－うん、ずっと考えているよ。

10. Avete bisogno di soldi?　- No, non _ _ _ _ _ _ _ _ _ _ _ _ _ _ _ bisogno, grazie.
    君たちにはお金が必要かい？　　－いいや、必要ないよ。ありがとう。

解答は P.229

○DL-54

Quando mi hai telefonato, facevo la doccia.

君が電話してきた時、私はシャワーを浴びていました。

Da piccola andavo a pescare con mio padre.

小さい頃、父とよく釣りに行ったものです。

Ieri ero stanco perché avevo lavorato tanto.

昨日はたくさん働いたので、疲れていました。

● この課で学ぶこと

・過去時制のうち、半過去と大過去について学ぶ。

● 半過去（[Indicativo] Imperfetto）

これまで過去の表現としては、近過去（第16課）を学びました。ここでは半過去と呼ばれるもう1つ別の過去時制について学んでいきます。

半過去とは、過去における行動や状態が継続している、つまり完了していない（もしくはそのことを表さない）過去を表す時制です。行動や状態が「なかば」の段階であることを表すため半過去と呼びます。

半過去は、1つ目の例文 Quando mi hai telefonato, facevo la doccia. の facevo（fare の半過去1人称単数）のように、過去のある時点で継続していた動作「シャワーを浴びていた」を表現することができます。また、2つ目の例文 Da piccola andava a pescare con mio padre. の andavo（andare の半過去1人称単数）のように、過去に習慣的に繰り返しおこなっていたことを表現する際にも半過去を使います。

➕ 半過去の活用形 　　　　　　　　　　　　　　　　　　　　　　DL-55

① 規則変化動詞

	guard**are**	av**ere**	dorm**ire**
io	guard**avo**	av**evo**	dorm**ivo**
tu	guard**avi**	av**evi**	dorm**ivi**
lui/lei/Lei	guard**ava**	av**eva**	dorm**iva**
noi	guard**avamo**	av**evamo**	dorm**ivamo**
voi	guard**avate**	av**evate**	dorm**ivate**
loro	guard**avano**	av**evano**	dorm**ivano**

・すべての動詞で **vo, vi, va, vamo, vate, vano** の活用語尾が共通しています。
・半過去では andare, tenere, venire なども規則変化動詞です。
・半過去の活用では isc 型の変化形はありません（capivo, capivi, capiva……）。

② 不規則変化動詞（主なもの）

	essere	**bere**	**dire**	**fare**
io	**ero**	be**vevo**	di**cevo**	fa**cevo**
tu	**eri**	be**vevi**	di**cevi**	fa**cevi**
lui/lei/Lei	**era**	be**veva**	di**ceva**	fa**ceva**
noi	**eravamo**	be**vevamo**	di**cevamo**	fa**cevamo**
voi	**eravate**	be**vevate**	di**cevate**	fa**cevate**
loro	**erano**	be**vevano**	di**cevano**	fa**cevano**

・essere は特殊な活用なので、このまま覚えてしまいましょう。
・bere (bevere), dire (dicere), fare (facere) と考えると規則的に活用できます。

➕ 半過去の使い方　　　　　　　　　　　　　　　　　　　　　　◎DL-56

① 過去において（時間帯が示されている／いないにかかわらず）継続していた、その時点で完了していないことがらを表す場合

Quando mi hai telefonato, facevo la doccia. ［例文］

「電話をかける」という動作は完了している（近過去）が、その時点で「シャワーを浴びる」という動作は未完了（半過去）。

Ieri sera alle 10 lavoravo ancora in ufficio.

昨夜の10時には、私はまだ事務所で働いていました。

Ieri a quest'ora Laura dormiva ancora.

昨日のこの時間には、ラウラはまだ寝ていました。

②過去に習慣的におこなっていたこと「〜したものだった」を表す場合

Da piccola andavo a pescare con mio padre. ［例文］

Quando studiavo in Italia facevo colazione al bar.

イタリアに留学していた時には、バールで朝食を取っていました。

studiavo も半過去だが、こちらは慣習的におこなっていたことではなく、完了が示されていない過去のことがらを表している。

③過去のことがら（行動・状態、場所や人など）を描写する場合

Negli anni '70 guardavamo la televisione in bianco e nero.

70年代、私たちは白黒テレビを見ていました。

Allora mio suocero aveva la Rover.

当時、私の義父はローヴァーに乗っていました。

④過去において同時進行していた2つのことがらを示す場合

この用法では、通常、接続詞 mentre と一緒に使われます。

Mentre preparavo il pranzo, i miei figli giocavano a palla.

私が昼食の準備をしていた間、子供たちはボールで遊んでいました。

Luisa si truccava mentre suo marito si faceva la barba.

夫がひげを剃っている間、ルイーザは化粧をしていました。

　ただし、過去の同時期に起こったことでも、それが完了していれば（進行していなければ）近過去で示します。

Mentre vivevo a Bologna ho conosciuto Stefania.

ボローニャで暮らしていた時にステファニアと知り合いました。

　話し言葉では、意思や欲求を緩和する目的で半過去を使うことがあります。

Volevo parlare con il professor Harada.　原田教授とお話したいのですが。

古いイタリア語（韻文）などでは、子音 v の音を省略したり、3 人称単数の活用形を 1 人称単数で用いることがあります。

Tacea la notte placida（Tacea ＜ Taceva）
穏やかな夜は物音ひとつ立てない

Io taceva, e coll'anima forte / Il desio tentatore lottò.
私は黙っていました、そして気丈な魂と／誘惑する気持ちとがたたかいました。

　＊ coll' = con l' / lottò ＜ lottare「たたかう」の遠過去 3 人称単数（第 20 課参照）

➕大過去（[Indicativo] Trapassato）

　大過去とは、過去のある時点から見て、それよりも前に完了していることがらを表すものです。多くの場合、センテンスのなかに 2 つ以上（複数）の過去が示されます。基準となる方の過去は、主に半過去、近過去などで示されますが、時を表す状況補語で表されることもあります。

　何らかの形で示された過去よりも前に完了していることを表現する際には大過去を使います。具体例で見てみると、3 つ目の例文 Ieri ero stanco perché avevo lavorato tanto. の ero が基準となる過去（半過去）、ero stanco

「疲れていた」のよりも前に完了しているのが avevo lavorato tanto「たくさん働いた」なので、大過去が使われています。

➕大過去の作り方と使い方

avere もしくは essere の半過去	+	表現したい動詞の過去分詞

　助動詞 avere、essere の使い分けは、近過去の場合と同じです（第16課参照）。大過去も「助動詞＋過去分詞」で表す時制なので複合時制です。

Quando siamo arrivati all'aeroporto, l'aereo era già decollato.

　　　　　私たちが空港に着いた時、飛行機はすでに離陸していました。

Sono andato al cinema dopo che avevo cenato.

　　　　　夕食を食べてから映画を見に行きました。

A dodici anni* aveva già deciso di diventare giocatore professionista.

　　　　　12歳の時、彼はすでにプロサッカー選手になることを決めていた。

* 基準となる過去が A dodici anni「12歳の時」（時を表す状況補語）で示されています。

★ 練習問題 1

以下の空欄に半過去の活用形を書きましょう。

① mangiare	② prendere	③ dormire	④ fare	⑤ essere
mangiavo				ero
			facevi	
	prendeva			
				eravamo
		dormivate		
mangiavano				

★ 練習問題 2

（　　　）内の動詞を直説法半過去にして文を完成させましょう。

1. Quando _____ bambino _____ a pallone quasi tutti i pomeriggi.
（essere/giocare）

   私は子供のころ、午後にはほぼ毎日ボール遊びをしていました。

2. Ieri mattina alle 6 _____ già in ufficio.（lavorare）

   昨日の朝6時にはすでに私は事務所で仕事をしていました。

3. Mentre _____ la cena, i miei figli _____ i compiti.（preparare/fare）

   私が夕食の準備をしている間、子供たちは宿題をしていました。

4. Allora molti italiani _____ la Cinquecento*.（avere：規則変化）

   当時多くのイタリア人がチンクエチェントを持っていました。
   * FIAT 社の小型車で、イタリアでは最もポピュラーな車種のひとつ。

5. Mentre Carla _____ l'autobus, ha visto un incidente.（aspettare）

   カルラはバスを待っていたときに、事故を目撃しました。

解答は P.229

○ DL-57

Prenderete l'aereo o il treno?

君たちは飛行機に乗りますか、それとも列車に乗りますか？

Che ore sono?　何時ですか？

- Saranno le 10.　－ 10時じゃないかな。

❶この課で学ぶこと

・未来時制（未来、前未来）について学ぶ。

➕未来（[Indicativo] Futuro semplice）

　これまで現在時制や過去時制（近過去、半過去など）を学んできました。この課では未来時制について学びます。

　未来形は今後起こることや、おこなうであろう行動を表します。1つ目の例文 Prenderete l'aereo o il treno? は、移動手段として飛行機に乗ることになるのか、列車に乗ることになるのかをたずねています。また、2つ目の例文 Saranno le 10. のように、現時点において確実ではないこと（推測など）を表すこともあります。

①規則変化動詞

	parl**are**	prend**ere**	sent**ire**
io	parl**erò**	prend**erò**	sent**irò**
tu	parl**erai**	prend**erai**	sent**irai**
lui/lei/Lei	parl**erà**	prend**erà**	sent**irà**
noi	parl**eremo**	prend**eremo**	sent**iremo**
voi	parl**erete**	prend**erete**	sent**irete**
loro	parl**eranno**	prend**eranno**	sent**iranno**

-are 動詞と -ere 動詞は全く同じ活用語尾（太字の部分）になります。-ire 動詞も活用語尾の最初の母音が違うだけで、**rò**, **rai**, **rà**, **remo**, **rete**, **ranno** の部分はすべての規則変化動詞で共通です。

②不規則変化動詞

	essere	**avere**
io	sa**rò**	av**rò**
tu	sa**rai**	av**rai**
lui/lei/Lei	sa**rà**	av**rà**
noi	sa**remo**	av**remo**
voi	sa**rete**	av**rete**
loro	sa**ranno**	av**ranno**

　未来形の活用で不規則変化をする動詞の多くは一人称単数の形が分かれば、その他の人称での活用形を導き出せます。規則変化動詞と同様、**rò**, **rai**, **rà**, **remo**, **rete**, **ranno** という共通の活用語尾を持ちます。

andare → **andrò** / bere → **berrò** / dare → **darò** / dire → **dirò** /
dovere → **dovrò** / fare → **farò** / potere → **potrò** /
rimanere → **rimarrò** / sapere → **saprò** / stare → **starò** /
tenere → **terrò** / venire → **verrò** / volere → **vorrò**

> volare の未来形一人称単数 volerò との混同に注意しましょう。

未来形の使い方はおおむね次の4つのタイプに分けることができます。

①今後起こるであろうこと

La prossima settimana farà caldo.　　　来週は暑くなるでしょう。

②仮定や推測

Dov'è Lucia.　　　ルチーアはどこにいますか？

- Sarà in cucina.　　　－台所じゃないかな。

③「～だろうけれど……」というニュアンスを表す

Sarà anche una persona simpatica, ma non è tanto intelligente.

感じのよい人物なんだろうけれど、あまり賢くない。

④命令・助言（命令法については第21課を参照）

Stasera passerai da me verso le otto.

今晩8時ごろ私のところに立ち寄りなさい。

未来の事柄であっても、そのことが今後の行動計画などにしっかり組み込まれている場合であれば、現在で表します。

L'università comincia fra un mese.　　　大学が1ヶ月後に始まります。

L'anno prossimo devo cambiare la macchina.

来年、車を買い替えなければなりません。

日常会話では未来よりも現在の方が多く用いられます。

Sabato sera facciamo una festa. Vieni?

土曜の夜にパーティーをするんだけど、来ない？

➕前未来（[Indicativo] Futuro anteriore）

　前未来とは、今後起こるであろう2つの事柄の順番を示す際に使います。通常、最初に起こるであろうことを前未来、それに続くであろうことを未来で表現します。

　例えば、「この仕事を終えた後で、バールに行きましょう」と言う場合、次のようになります。

Dopo che avremo finito questo lavoro, andremo al bar.

➕前未来の作り方と使い方

　前未来も「助動詞＋過去分詞」で表す複合時制になります。

> **avere もしくは essere の未来　＋　過去分詞**

　助動詞 avere, essere の使い分けは、近過去の場合と同じです。

Domani alle 5 mi sarò già alzato.　明朝5時には、私はもう起きています。

　この場合、未来のある時点が時を表す状況補語（Domani alle 5「明朝5時」）で示されています。このように「明朝5時の時点」よりも前に完了していること（「私は起きている」）を表す場合にも前未来を使います。

また、話し言葉などでは次のように使うこともできます。Non stai bene?「調子が良くないの？」とたずねられて、「飲みすぎたみたいだね。」と答える場合、Avrò bevuto troppo. のように前未来を使います。この場合、過去における事柄が不確実だったり、推測であることが示されています。

★ 練習問題 1

以下の空欄に直説法未来の活用形を書きましょう。

① cantare	② prendere	③ dormire	④ avere	⑤ essere
	prenderò			sarò
canterai				
			avrà	
		dormiremo		
				sarete

★ 練習問題 2

以下の現在形で書かれた文を未来形に、近過去形で書かれた文を前未来形に書き換えましょう。

1. Mauro parte per Verona. --
   マウロはヴェローナに向けて出発します。

2. Gli spedisco un'e-mail. --
   彼にeメールを送ります。

3. Sono le 10. --
   10時です。

4. Ieri sera ho bevuto troppo. ----------------------------------
   昨晩は飲みすぎました。

5. Domani mi alzo alle 5. --
   明朝5時に私は起きます。

解答は P.230

●DL-60

Giuseppe Verdi morì nel 1901.

ジュゼッペ・ヴェルディは 1901 年に亡くなった。

Da quel giorno non lo vidi più.

あの日以来、私はもう彼に会いませんでした。

・・

❸この課で学ぶこと

・過去時制のうち、遠過去と前過去について学ぶ。

➕遠過去（[Indicativo] Passato remoto）

　南イタリアなどの一部の地域を除いて、遠過去は主に書き言葉として使われます。歴史や物語などの記述のなかで、ある出来事がすでに完了していることを示す働きがあります。

➕遠過去の活用形　　　　　　　　　　　　　　　　　　●DL-61

①規則変化動詞

	parl**are**	pot**ere**	sent**ire**
io	parl**ai**	pot**ei**	sent**ii**
tu	parl**asti**	pot**esti**	sent**isti**
lui/lei/Lei	parl**ò**	pot**é**	sent**ì**
noi	parl**ammo**	pot**emmo**	sent**immo**
voi	parl**aste**	pot**este**	sent**iste**
loro	parl**arono**	pot**erono**	sent**irono**

-ere 動詞の変化では、1 人称単数 -etti、3 人称単数 -ette、3 人称複数 -ettero の形が使われることもあります。

②不規則変化動詞

	essere	avere	fare	venire
io	fui	ebbi	feci	venni
tu	fosti	avesti	facesti	venisti
lui/lei/Lei	fu	ebbe	fece	venne
noi	fummo	avemmo	facemmo	venimmo
voi	foste	aveste	faceste	veniste
loro	furono	ebbero	fecero	vennero

essere は特殊な活用なので、このまま覚えてしまいましょう。

　essere を除く不規則変化動詞では、1 人称単数の形が分かれば、3 人称単数はその語尾を -e に、さらに 3 人称複数には -ro を付け加えるとすべての活用形が導き出せます。例えば、avere の遠過去 1 人称単数が ebbi であれば、ebbe、ebbero となります。それ以外の人称では、-esti, -emmo, -este となります。

-are 動詞：dare → **diedi**（**detti**）/ fare → **feci** / stare → **stetti**

-ire 動詞：dire → **dissi** / venire → **venni**

-ere 動詞：bere → **bevvi** / chiedere → **chiesi** / conoscere → **conobbi** /
discutere → **discussi** / dividere → **divisi** / dovere → **dovetti** /
leggere → **lessi** / mettere → **misi** / muovere → **mossi** /
nascere → **nacqui** / nascondere → **nascosi** / piacere → **piacqui** /
piangere → **piansi** / piovere → **piovve** (3 人称単数のみ)/ perdere → **persi** /
prendere → **presi** / rendere → **resi** / ridere → **risi** /
rimanere → **rimasi** / risolvere → **risolsi** / rispondere → **risposi** /

sapere → **seppi** / scegliere → **scelsi** / scrivere → **scrissi** /
spegnere → **spensi** / tenere → **tenni** / togliere → **tolsi** /
volere → **volli** など

➕遠過去の使い方　　　　　　　　　　　　　　◉DL-62

　すでに完了していることを示すので、「〜した」とか「〜してしまった」
という日本語に訳されることが多いのがこの遠過去です。また、完了という
性質から、現在に直接的に影響を与えないものとして表すことができます。
遠過去の代表的な用法は、書き言葉（歴史や物語など）において、出来事
を「完了」したものとして表す場合です。

Giuseppe Verdi morì nel 1901. ［例文］

Dante Alighieri nacque nel 1265.　　　ダンテ・アリギエーリは 1265 年に生まれた。

　歴史的記述においては、遠過去の代わりに現在を使うこともあります（歴史的現在：Dante
Alighieri nasce nel 1265.）。

Giovanni Agnelli fondò la FIAT* nel 1899.

　　　　　　　　　　　　　　ジョヴァンニ・アニェッリは FIAT 社を 1899 年に設立した。

* FIAT はイタリアの自動車メーカー。**F**abbrica **I**taliana **A**utomobili **T**orino（トリーノ・イタリア自
　動車製造会社の略）なので、女性名詞になる。

Entrò il cameriere e accese la luce.　　　給仕は入ってきて、明かりを点けた。

Da quel giorno non lo vidi più. ［例文］

➕前過去 （[Indicativo] Trapassato remoto）

　前過去は、遠過去と一緒に使われるもので、遠過去で表現されたことよ
りも前に完了した動作や状態を表します。

　前過去は、遠過去で表されることの直前に完了していることを表すので、
quando 「〜したとき」、dopo che 「〜した後で」、(non) appena 「〜する

とすぐに」などで始まるフレーズ（従属詞節）の中で使われることが少な
くありません。

Dopo che avemmo finito questo lavoro, andammo al bar.

　　　　　　①この仕事を終えた後に　　　　　②バールに行った

この仕事を終えた後に、私たちはバールに行きました。

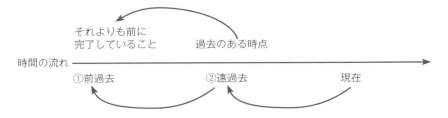

➕ 前過去の作り方と使い方

前過去も、「助動詞＋過去分詞」で表す複合時制です。

> avere もしくは essere の遠過去　＋　過去分詞

助動詞 avere, essere の使い分けは、近過去の場合と同じです。

Quando Luca ebbe finito di parlare, gli risposi.

　　　　　　　　　　　　　　ルカが話し終えてから、私は彼に答えました。

Dopo che fummo tornati a casa, cominciò a piovere.

　　　　　　　　　　　　　　私たちが家に帰って来てから、雨が降り出しました。

★ 練習問題 1

プッチーニのオペラ《トスカ》で主人公トスカが歌うアリアの一節です。
4つある遠過去を見つけ、その不定詞（原形）も答えましょう。

Vissi d'arte, vissi d'amore,　　　　　　私は芸に生き、恋に生きてきました。

non feci mai male ad anima viva!　　　これまで生けるものに悪いことをした

Con man* furtiva　　　* man=mano　　ことがありません！

quante miserie conobbi, aiutai.　　　私が知り合った憐れな人たちには
　　　　　　　　　　　　　　　　　　　　　　そっと手を差し出して助けてきました。

① --------------- < ---------------　　② --------------- < ---------------

③ --------------- < ---------------　　④ --------------- < ---------------

★ 練習問題 2

適切な動詞を以下のリストから選んで文を完成させましょう。

> ebbi visitato / ci fummo riposati(e) / mi accorsi / ebbe capito /
> partii / riprendemmo / telefonò / fu partito

1. Quando Maria _____ la situazione, _____
   a Luca per scusarsi.

   マリーアは状況を理解したので、ルカに詫びるため電話をした。

2. Dopo che _____ Milano, _____ per Venezia.

   （私は）ミラノを訪れてからヴェネツィアに向けて出発しました。

3. Appena il treno _____, _____ di non aver
   timbrato il biglietto.

   列車が出発するな否や、切符に打刻していないことに気付いた。

   通常、イタリアの電車やバスに乗る際には、刻印機で切符に日時を打刻しなければなりません（全
   席指定の特急列車などを除く）。

4. Dopo che _____ , _____ a lavorare.

   （私たちは）休憩してから、仕事を再開した。

解答は P.230

さまざまな疑問詞（2）

　疑問詞を使って具体的な答えをたずねる時に使う疑問詞を見ていきましょう。

Perché「なぜ」：理由を知りたい時に使う疑問副詞

　　　Perché parli così bene l'italiano?
　　　　　　　どうしてこんなに上手にイタリア語を話せるのですか？
　　　- Perché sono un cantante lirico.　　―私はオペラ歌手だからです。
　perché は、理由を表す接続詞「なぜならば」としても使うことができます。

Quale「どのような」「どちらの」

　人やモノについて相手がどう選択するかをたずねる際に疑問代名詞として使います。母音の前では qual、複数形では quali となります。

　　　Quale vuoi tra queste cravatte?　　このネクタイの中でどれが欲しいの？
　　　Qual è il tuo programma di oggi?　　今日の君の予定はどうなっていますか？

Quanto「どのくらい」「いくつ、何人」

　人やモノの数量をたずねる際に、疑問代名詞・疑問形容詞として使います。問題になっている名詞の性数に合わせて、quanto, quanti, quanta, quante と形を変化させます。

　　　In quanti siete voi?　　　　　　あなたたちは何人ですか？
　　　Quanto costa questa borsa?　　このバッグはお幾らですか？
　　　Quanti anni hai?　　　　　　　何歳ですか？

まとめ （第**16**課から第**20**課）

【第**16**課】　過去時制のひとつ、近過去について学びました。これは日常会話などでもよく使われるものなのでしっかりマスターしましょう。過去のことをすでに完了したものとして捉え、現在と何らかのつながりが意識される場合に使われます。多くの動詞では、「avere ＋過去分詞」の形をとりますが、自動詞の一部と再帰動詞については「essere ＋過去分詞」の形をとります。後者の場合、過去分詞の語尾を主語の性数に一致させます。「avere ＋過去分詞」の近過去と直接目的語代名詞（３人称：lo, la, li, le）が一緒に使われる場合には、過去分詞の語尾を直接目的語の性数に一致させます。また、不規則な変化をする過去分詞はタイプ別に覚えるようにしましょう。

【第**17**課】　代名小詞の ci と ne について学びました。ci は、直接目的語代名詞や間接目的語代名詞などの他に、「a ＋名詞など」の代わりになったり、「そこに」という場所を表すこともできます。ne は、数量に関わる表現において、関係する名詞そのもの、もしくは関係する名詞のうち「いくつか（いくらか）」を表す他、「di ＋名詞など」や場所を示しつつ「そこから」といった意味を表すこともできます。

【第**18**課】　過去時制の半過去と大過去について学びました。半過去は、過去の事柄を未完了のものとして捉え、「〜だった」「〜していた」のように表現するものです。ある状態や行動がいつまで続いたのかが示されていない、完了していないという点がポイントになります。また、過去に習慣的におこなっていたことも表すことができます。活用形は非常に規則的で、essere を除けば全ての動詞に、-vo, -vi, -va, -vamo, -vate, -vano という音が共通しています。一方の大過去は、過去のある時点から見て、それよりも前に完了していた事柄を表します。基準となる過去の時点には、通常、半過去か近過去、または 20 課で学んだ遠過去が用いられます。

【第 **19** 課】　未来時制の未来と前未来について学びました。未来形は主に、今後起こるであろうことや現時点での仮定や推測を表します。イタリア語では未来のことであっても、確実に起こることが予想される場合には現在形を使うことも少なくありません。一方の前未来は、今後起こるであろう2つの事柄を順番に示す際、まず最初に起こるであろうことに対して用います。また、過去の事柄に対する推量を表す場合にも使われます。

【第 **20** 課】　過去時制の遠過去と前過去について学びました。遠過去は、歴史や物語の中などで、起こったことを完了したものとして表す場合に使われ、現在に直接影響を与えないものとして捉えられます。遠過去の活用形にもかなりの規則性が認められるものの、最初は活用形が出てきにくいでしょうから、何度も書いたり、声に出したりしながら身体に覚え込ませていきましょう。また、前過去は遠過去と一緒に使われ、遠過去で表現された事柄よりもさらに前に完了している動作や状態を表します。

動詞の法と命令法

◉DL-63

Apri la finestra, per favore!   窓を開けてください、お願いします。

Facciamo un brindisi!   乾杯しましょう！

・・

❶この課で学ぶこと

・動詞の法のあらましについて学ぶ。
・命令法について学ぶ。命令法は命令だけでなく、依頼や助言、勧誘の表現にもなることを理解する。

➕法（Modo）とは

　話し手が自分の話している内容を①「事実」と捉えているか、②主観などを交えた「想像」と捉えているか、もしくは③相手に何らかの意思を伝えようとする「命令」と捉えているかといった、話し手の心的状態を表す動詞の形式（叙法）を「法」と呼びます。

　イタリア語には、次の5つの法があります。①〜④までは主語の人称に応じて動詞を活用して使います。

　　　①直説法 Modo Indicativo
　　　②接続法 Modo Congiuntivo
　　　③命令法 Modo Imperativo
　　　④条件法 Modo Condizionale
　　　⑤不定法 Modo Infinito ─── 不定詞
　　　　　　　　　　　　　　├─ 分詞（現在分詞、過去分詞）
　　　　　　　　　　　　　　└─ ジェルンディオ

➕ 命令法（[Modo] Imperativo）とは

第 20 課までで学んできた動詞はすべて、「事実」をあるがままに述べるときに使う直説法です。本課では、命令法について学びます。

命令法はその名の通り、命令を表す際に使う叙法ですが、助言やお願いをする際にも使います。命令法には、「現在」と「未来」の形がありますが、未来は直説法未来形（第19課参照）と同じです。

命令法は、話し手が相手に対して何らかの意思を伝えるものなので、基本的には2人称（目の前の相手）に対してのみ使います。ただし、1人称複数では、「〜しましょう！」といった勧誘を表します。また、3人称の形は敬称（フォーマルな言い方）で使われます。

➕ 命令法の動詞の活用形
① 規則変化

	am**are**	prend**ere**	sent**ire**	cap**ire**	alzar**si**
io	—	—	—	—	—
tu	am**a**	prendi	senti	capi**sci**	alza**ti**
Lei（敬称）	am**i**	prend**a**	sent**a**	capi**sca**	**si** alzi
noi	amiamo	prendiamo	sentiamo	capiamo	alziamo**ci**
voi	amate	prendete	sentite	capite	alzate**vi**
Loro（敬称）	am**ino**	prend**ano**	sent**ano**	capi**scano**	**si** alzino

- 自分自身に対する命令はないので、1人称単数の活用形はありません。また、3人称の形は、敬称として使われます。ただし、3人称の複数形は、とてもかしこまった言い方なので、一般的な日常会話ではほぼ使われません。
- 活用について見てみると、（一部の不規則変化動詞を除く）ほとんどの動詞で1人称複数と2人称複数の活用形は、直説法現在と同じです。-are 動詞では、2人称単数が -a、3人称単数が -i となります。-ere 動詞や -ire 動詞では、2人称単数の活用も直説法現在と同じになります。3人称単数は、直説法現在1人称単数の語尾 -o を -a に変えれば、規則変化・不規則変化にかかわらずほとんどの動詞で変化形を導きだせます（例外：essere → sia / avere → abbia / dare → dia など）。また、3人称複数は単数に -no を加えるだけです。

②不規則変化

	essere	avere	sapere
tu	**sii**	**abbi**	**sappi**
Lei	**sia**	**abbia**	**sappia**
noi	**siamo**	**abbiamo**	**sappiamo**
voi	**siate**	**abbiate**	**sappiate**
Loro	**siano**	**abbiano**	**sappiano**

	andare	fare	stare	dare	dire
tu	**vai, va', va**	**fai, fa', fa**	**stai, sta', sta**	**dai, da', dà, da**	**di', dì**
Lei	**vada**	**faccia**	**stia**	**dia**	**dica**
noi	**andiamo**	**facciamo**	**stiamo**	**diamo**	**diciamo**
voi	**andate**	**fate**	**state**	**date**	**dite**
Loro	**vadano**	**facciano**	**stiano**	**diano**	**dicano**

andare の va'、va、fare の fa'、fa、stare の sta'、sta、dare の da'、dà、dire の di'、dì はつづり方が違うだけで、発音は同じです。

➕命令法の使い方

◎DL-64

①指導や指示をする場合

Giri al primo semaforo a destra.　　最初の信号を右に曲がってください。

Aggiungi un po' di sale.　　塩を少し加えてください。

②命令やお願いをする場合

Luca, metti in ordine la tua camera.　　ルカ、あなたの部屋を片付けなさい。

Signora, abbia pazienza.　　奥さん、我慢していただけますか。

③助言や行動を促す場合

Se sei stanca, riposati un po'.　　疲れているなら、少し休みなよ。

Mi dica.*　　おっしゃってください。

　＊お店などで店員の人が言う決まった言い方です。

④「〜しようよ」と勧誘する場合

Facciamo un brindisi!　［例文］

Andiamo al bar!　　バールに一緒に行こうよ！

➕命令法の使い方に関する注意点

・相手に対して何かを強く促す場合には副詞 pure を添えます。

S'accomodi pure!　　どうぞ、楽になさってください。

・命令・依頼として使う場合、その調子を和らげたいときには per favore, per piacere, per cortesia などを添えます。

Ripetete ancora una volta, per piacere.

　　　　　　　　　　もう一度繰り返してください、お願いします。

・否定の形で命令法を使う場合（否定命令）、non を動詞の前に置きます。

Non mangiate troppo.　　君たちは食べ過ぎてはだめだよ。

　　ただし、2 人称単数のときは「non + 不定詞」になります。

Non mangiare troppo.　　君は食べ過ぎてはだめだよ。

・目的語代名詞（再帰代名詞や代名小詞 ci, ne, lo などを含む）は、三人称のときは動詞の前に置き、それ以外は動詞の語尾にくっつけます。

Lo mangi pure.　　それをお食べください。

Mangialo.　　君はそれを食べなさい。

否定命令の場合、目的語代名詞が動詞の前に来ることもあります。

Non mangiarlo.（= **Non lo mangiare.**）　　　君はそれを食べてはいけないよ。

S'accomodi pure.　　　どうか、おくつろぎください。

Accomodati pure.　　　どうか、くつろいでね。

　va'、va、fa'、fa、sta'、sta、da'、dà、da、di'、dì に目的語代名詞や代名小詞がくっつく場合、子音を強調して発音します。書く場合には発音を反映させて子音字を二重に表記します（gli を除く）。

Dimmi!（= di' + mi）　　私に言ってください！

Fallo subito.（= fa' + lo）　　それを直ぐにやりなさい。

Vattene.（= va' + ti + ne < andarsene）　　ここから立ち去れ。

あやまり方

　Scusare は「すみません」と相手に詫びる際に使う動詞ですが、命令法を使って表現します。例えば、Scusami を日本語に直訳すると「君は私を許してね」、Mi scusi だと「あなたが私を許してください」のようになります。日本語に訳して考えると少し変に感じるかもしれませんが、日常会話で相手に詫びる時によく使われる言い方なので、そのまま覚えておきましょう。

★ 練習問題

（　　）内の動詞を訳文に合わせて活用させて（命令法）、文を完成させましょう。

1. Non _____ quando un gatto nero attraversa la strada.
   （tu: passare）
   黒猫が道を横切っていたら通ってはいけないよ。

2. _____ alla prima a destra.（Lei: girare）
   最初の角を右に曲がってください。

3. Non _____ freddo il caffè.（voi: servire）
   冷めたコーヒーを出してはいけないよ。

4. Signora, _____ pazienza.（Lei: avere）
   奥さん、我慢してください。

5. Quando Lei arriva, _____ di telefonarmi, per cortesia.
   （Lei: ricordarsi）
   到着したら、どうぞ私に電話するのを覚えておいてください。

6. _____ al cinema stasera.（noi: andare）
   今晩、映画を見に行こうよ。

7. Michele, _____ le mani.（tu: lavarsi）
   ミケーレ、手を洗いなさい。

8. Questo vino non è buono. Non lo _____ .（Lei: bere/prendere）
   このワインは美味しくない。飲まないでください。

解答は P.230

第**22**課 条件法の現在、過去

◯DL-65

Potrei avere il menù?　　メニューをいただけますか？

Vorrei parlare con il signor Monti.

モンティさんとお話がしたいのですが。

・・

❷この課で学ぶこと
・条件法の現在と過去（単独で使う場合）について学ぶ。

➕条件法（[Modo] Condizionale）とは

　条件法は、多くの場合、ある条件のもとで「……なら、〜だろうに」と表現する際、「〜だろうに」の部分に使います。つまり、仮定文（第25課参照）のなかで使われることが一般的です。ただし日常会話などでは、1つ目の例文 Potrei avere il menù? や、2つ目の例文 Vorrei parlare con il signor Monti. のように、独立節（単独）で使うことも少なくありません。その場合、自分の欲求や希望をダイレクトではない方法で誰かに伝えたり、丁寧に頼みごとをしたり、助言したりする他、仮定の話や第三者から聞いたことなどを表現することが出来ます。本課では、独立節で使う場合をまず学びます。

　くり返しになりますが条件法は「条件」ではなく、条件によって導き出される「結果」「可能性」の方に使うことに注意してください。条件法の時制には、現在と過去がありますが、まずは動詞の活用（現在）から見ていきましょう。

⊕条件法の活用形

条件法の活用では、**-rei, -resti, -rebbe, -remmo, -reste, -rebbero** の音がすべての動詞に共通しています。-are 動詞と -ere 動詞では共通部分の直前の音が **-e-**、-ire 動詞では **-i-** となります。

動詞の活用は、何度も声に出したり、書いたりして覚えていきましょう。その際に、自分なりの規則性を探すことも覚える際の助けになります。例えば、「2 人称単数 -resti の i を e に変えれば 2 人称複数に、3 人称単数の -rebbe に ro を加えれば 3 人称複数になる」といった規則性を見つけてみてください。

①規則変化

	telefon**are**	prend**ere**	fin**ire**
io	telefon**erei**	prend**erei**	fin**irei**
tu	telefon**eresti**	prend**eresti**	fin**iresti**
lui/lei/Lei	telefon**erebbe**	prend**erebbe**	fin**irebbe**
noi	telefon**eremmo**	prend**eremmo**	fin**iremmo**
voi	telefon**ereste**	prend**ereste**	fin**ireste**
loro	telefon**erebbero**	prend**erebbero**	fin**irebbero**

・cominciare や mangiare のように、語尾が -ciare, -giare となる動詞では、i の文字をつづりません（comincerei, cominceresti, comincerebbe... / mangerei, mangeresti, mangerebbe...）。
・giocare や pagare のように、語尾が -care, -gare となる動詞では、発音を整えるために h の文字を添えます（gioc**h**erei, gioc**h**eresti, gioc**h**erebbe... / pag**h**erei, pag**h**eresti, pag**h**erebbe...）。

②不規則変化（主なもの）

不規則変化をする動詞でも、やはり **-rei, -resti, -rebbe, -remmo, -reste, -rebbero** の音が共通しています。つまり、1 人称単数の形が分かれば、そこから活用形を導きだすことができます。

	essere	avere	fare	volere
io	**sarei**	**avrei**	**farei**	**vorrei**
tu	**saresti**	**avresti**	**faresti**	**vorresti**
lui/lei/Lei	**sarebbe**	**avrebbe**	**farebbe**	**vorrebbe**
noi	**saremmo**	**avremmo**	**faremmo**	**vorremmo**
voi	**sareste**	**avreste**	**fareste**	**vorreste**
loro	**sarebbero**	**avrebbero**	**farebbero**	**vorrebbero**

　活用表を見てもわかるように、１人称単数の活用形がわかれば、あとは
-rei の部分を -resti, -rebbe…と変えていけば、全ての活用形が導き出せます。
　不規則変化動詞の活用は、以下のようなタイプに分類できます。

　① -ere 動詞→ -rei となるもの（andare は andrei）

　　dovere → **dovrei** / potere → **potrei** / sapere → **saprei** /

　　vedere → **vedrei** / vivere → **vivrei**

　② -are 動詞→ -arei となるもの

　　dare → **darei** / fare → **farei**

　③ -ere 動詞、-ire 動詞の直前の子音（l や n）を r にして→ -rei となるもの

　　rimanere → **rimarrei** / tenere → **terrei** / venire → **verrei** / volere → **vorrei**

➕条件法現在の使い方　　　　　　　　　　　　　　　　　　　🔊DL-66

　条件法の現在には、次のような使い方があります。

①自分の希望を表現する場合

　Vorrei parlare con il signor Monti.　［例文］

　Mi piacerebbe andare in Africa.　　アフリカに行ってみたい。

②丁寧に頼みごとをする場合

　Potrei avere il menù?　［例文］

　Saprebbe dirmi dov'è la stazione centrale?

　　　　　　　　　　　　　中央駅がどこか教えていただけますか？

③助言を与える場合

Al posto tuo andremmo volentieri al cinema.

> 私たちが君の立場なら、喜んで映画を見に行くだろうに。

Antonella, dovresti studiare di più.

> アントネッラ、君はもっと勉強しなくてはいけないだろう。

④仮定の話をする場合

Davanti a un ragno morirei di paura.

> 自分の前に蜘蛛がいたら恐ろしくて死んでしまいます。

⑤当事者から直接、見聞きしたことではないことを表現する場合

Secondo il telegiornale, il sindaco vorrebbe dare le dimissioni.

> テレビのニュースによれば、市長は辞職するらしい。

このタイプの用法では「probabilmente ＋直説法現在」で言い換えることもできます。

●条件法過去の作り方と使い方

条件法過去は以下のようにして作ります。

---

avere もしくは essere の条件法現在　＋　過去分詞

助動詞 avere, essere の使い分けは、近過去の場合と同じです。

条件法現在が「〜だろうに」を表すのに対して、条件法過去は「〜だったろうに」を表します。条件法の過去には、次のような使い方があります。

①実現しなかった自分の欲求

Quanto avrei voluto imparare a sciare!

> どれだけスキーを習いたかったことか。

②過去のできごとに対する意見を述べる場合

Per realizzare il progetto, avrebbero dovuto lavorare di più.

> 計画を実現させるためには彼らはもっと働かなければならなかったでしょう。

Per il mio fidanzato avrei fatto qualsiasi cosa.

> 婚約者のためなら私はどんなことでもしただろうに。

③すでに起きたできごとではあるが確証のない場合

Il ladro sarebbe fuggito con la macchina rubata.

> 泥棒は盗んだ車で逃走しただろう。

④過去のある時点よりも後のことを表す場合

Luca diceva che sua moglie sarebbe arrivata in tempo.

> ルカは彼の奥さんが時間内に到着するだろうと言っていました。

過去のある時点よりも後のことが、現時点よりも後の場合には、条件法過去ではなく、直説法未来を使います。（Luca diceva che sua moglie arriverà in tempo.）

★ 練習問題 1

以下の空欄に条件法の活用形を書きましょう。

① cantare	② prendere	③ preferire	④ avere	⑤ essere
	prenderei			sarei
canteresti				
			avrebbe	
		preferiremmo		
				sareste

★ 練習問題 2

（　　）内の動詞を訳文に合わせて活用させて、文を完成させましょう。

1. Buongiorno, ---------------- parlare con il signor Corna?（potere）
   こんにちは、コルナさんとお話できますか？

2. Scusi, ---------------- dirmi se c'è un bar qui vicino?（sapere）
   すみません、この近くにバールがあるようであれば教えていただけますか？

3. Mi ---------------- prestare un accendino?（potere）
   ライターを貸してもらえないかな？

4. ---------------- un caffè macchiato.（volere）
   牛乳を少し垂らしたエスプレッソがひとつ欲しいのですが。

5. Mi ---------------- a portare la valigia?（aiutare）
   スーツケースを運ぶのを手伝ってくれないかしら？

6. Ci ---------------- portare un po' di pane?（potere）
   パンを少し持って来ていただけませんか？

解答は P.230

◯DL-67

Penso che Yuki parli bene il russo.

由紀はロシア語を上手に話せると思います。

È meglio che tu prenda un taxi.

君はタクシーに乗った方がよいでしょう。

・・

●この課で学ぶこと

・ 接続法の現在と過去について学ぶ。

●接続法（[Modo] Congiuntivo）とは

　直説法が「ものごとを事実と捉えて表現する」のに対して、接続法は主観を交えたことを表現する際に使います。つまり、客観か主観という点で使い分けられます。

　「接続法」の名が示す通り、多くの場合、接続詞などによって導かれる従属節のなかで使われます。典型的な例としては 1 つ目の例文 Penso che Yuki parli bene il russo. のように、pensare che ～「～だと考える（思う）」といった主観を表す表現では、接続法を使います。

　接続法の時制には、現在、過去、半過去、大過去の 4 つがありますが、本課では現在と過去について見ていきます。

➕ 接続法現在の活用形

① 規則変化

	parl**are**	prend**ere**	sent**ire**	cap**ire**
io	parl**i**	prend**a**	sent**a**	capisc**a**
tu	parl**i**	prend**a**	sent**a**	capisc**a**
lui/lei/Lei	parl**i**	prend**a**	sent**a**	capisc**a**
noi	parl**iamo**	prend**iamo**	sent**iamo**	cap**iamo**
voi	parl**iate**	prend**iate**	sent**iate**	cap**iate**
loro	parl**ino**	prend**ano**	sent**ano**	capisc**ano**

・1 人称、2 人称、3 人称単数の活用形は同じです。-are 動詞では **-i** となり、-ere 動詞と -ire 動詞
では **-a** となります（-isc- 形になるかどうかは、直説法現在の活用と同様）。
・1 人称複数の活用は、直説法現在と同じ活用形になり、2 人称複数の活用語尾はすべて -iate とな
ります。また、3 人称複数の活用形は 3 人称単数の活用に -no を加えることで導き出せます。（例
えば parlare → parliamo, parliate, parlino）。

② 不規則変化

	essere	**avere**	**andare**	**volere**
io	sia	abbia	vada	voglia
tu	sia	abbia	vada	voglia
lui/lei/Lei	sia	abbia	vada	voglia
noi	siamo	abbiamo	andiamo	vogliamo
voi	siate	abbiate	andiate	vogliate
loro	siano	abbiano	vadano	vogliano

・不規則変化動詞の 1 人称、2 人称、3 人称単数の活用形は、（一部の例外を除いて）直説法現在の
1 人称単数の活用語尾を -o から -a に変えることで導き出せます（例えば、volere → voglio →
voglia, voglia, voglia）。
・1 人称複数の活用は、直説法現在と同じ活用形になり、2 人称複数の活用語尾はすべて -iate とな
ります。また、3 人称複数の活用形は 3 人称単数の活用に -no を加えることで導き出せます。（例
えば volere → vogliamo, vogliate, vogliano）。

・直説法現在の1人称単数の語尾を o → a に変えるという法則が当てはまらないもの

dare「与える」→ **dia** / dovere「〜ねばならない」→ **debba** /
sapere「知る」→ **sappia** / stare「いる／ある」→ **stia**　など

➊ 接続法現在の使い方 ○ DL-68

① 意見を述べる動詞と一緒に使う（pensare che「〜だと考える／思う」、credere che「〜だと思う」、supporre che「〜だと推測する」など）

Penso che il museo apra alle dieci.　美術館は10時に開館すると思います。

② 希望や意志、欲求などを表す動詞と一緒に使う（sperare che, preferire che「〜であるように望む」、augurarsi che「〜であるよう希望する」、volere che, desiderare che「〜であるように欲する」など）

Speriamo che Antonella arrivi puntuale.

アントネッラが時間通りに到着することを期待しましょう。

③ 疑念を表す表現や動詞と一緒に使う（dubitare che「〜だと疑う」、non essere sicuro che「〜だということに確信がない」など）

Non sono sicuro che lo spettacolo finisca prima delle 21.

公演が21時よりも前に終わるかどうか私には自信がありません。

è certo che、è evidente che、è chiaro che、è sicuro che、è vero che など、その事柄が明らかであるという表現には接続法は使いません。
È chiaro che Roberto non canta stasera.　「ロベルトが今晩歌わないのは明らかだ。」（直説法）

④感情や心の状態を表す表現と一緒に使う（essere contento che「〜だということに満足している」、avere paura che, temere che「〜ではないかと心配する（思う）」など）

Ho paura che cominci a piovere. 　　　雨が降り始めそうで心配です。

　ここで説明した用法（①〜④）では、主節の主語と従属節の主語が同じ場合、「di + 不定詞」で表現します。

Spero di arrivare presto. 　　　私は早く到着したいと望んでいます。
Leonardo spera di vincere. 　　　レオナルドは勝ちたいと願っています。

⑤非人称の表現と一緒に使う（bisogna che「〜であることが必要である」、è giusto che「〜であるのは正当である」（直説法を使う場合もある）、è meglio che「〜した方がよい」、è probabile che「〜であることはあり得る」、mi dispiace che「私には〜であることが残念である」、mi fa piacere che「私には〜であることがうれしい」、mi sembra che「〜のようだ」、può darsi che「〜かもしれない」など）

Può darsi che il signor Yoshida sia libero la settimana prossima.

　　　　　　　　　　　恐らく、吉田さんは来週、体が空いています。

⑥接続詞（句）と一緒に使う（affinché, in modo che「〜するように」、a meno che non「〜でなければ」、a patto che「〜するのなら」、benché, nonostante, sebbene「〜であるにもかかわらず」、prima che「〜する前に」、purché「〜ということなら」、senza che「〜ではないのに」など）

Domenica andremo a pescare a meno che non piova.

　　　　　　　　日曜日に雨が降らなければ私たちは釣りに行くでしょう。

Devo andare in banca prima che chiuda.

　　　　　　　　銀行が閉まる前に私は行かなくてはなりません。

● 接続法現在で表せる時間的な範囲

　接続法現在で表せるのは、主節の動詞（直説法現在）と「同時に起こっていること」、もしくは「これから起こること」です。

Penso che Maria lavori in negozio adesso.

> マリーアはいま店で働いていると思います。（同時）

Penso che Maria lavori fino a tardi domani.

> マリーアは明日、遅くまで働くと思います。（今後）

● 接続法過去の作り方と使い方

avere もしくは essere の接続法現在　　＋　　過去分詞

　助動詞 avere, essere の見分け方や、助動詞に essere をとる場合に過去分詞の語尾を主語の性数に一致させるといったルールは、近過去の場合と同じです。

　直説法現在で表されている主節の動詞よりも、前に起こったことを表す場合には、接続法の過去を使います（主節の動詞が直説法未来になることも稀にあります）。用法については、現在の場合と同じです。

Penso che Maria abbia lavorato fino a tardi ieri.

> マリーアは昨日、遅くまで働いたと思います。
>
> （私が今、「考えている」よりも前のこと＝接続法過去）

La maestra pensa che io abbia cantato bene.

> 先生は私が上手に歌ったと思っています。

Leonora pensa che Alvaro sia partito in macchina.

> レオノーラはアルヴァーロが車で出発したと思っています。

★ 練習問題

（　　　）内の動詞を訳文に合わせて活用させて文を完成させましょう。

1. Ho paura che tu _____ il treno.（perdere）
   私は君が電車に乗り遅れるのではと心配しています。

2. Non vedo l'ora che _____ i saldi.（cominciare）
   バーゲンが始まるのが待ち遠しい。

3. È probabile che Luca _____ in ritardo.（arrivare）
   おそらくルカは遅れて到着します。

4. Non credo che Maria _____ volentieri al cinema con noi.
   マリーアが僕たちと映画に喜んでくるとは思えない。（venire）

5. Anna vuole che suo figlio _____ la stanza.（pulire）
   アンナは息子が部屋を掃除することを望んでいる。

6. Mi fa piacere che _____ tu sabato sera.（cucinare）
   土曜の夜にあなたが料理してくれたら嬉しいわ。

7. Può darsi che il suo uccellino _____.（scappare）
   おそらく彼の飼っている小鳥は逃げてしまったのだろう。

8. Credo che Salvatore _____ un incidente stradale.（avere）
   サルヴァトーレは交通事故にあってしまったのだと思います。

9. È chiaro che Gianluca _____ tutto.（sbagliare）
   ジャンルーカがすべて間違っていたことは明らかだ。

10. Speriamo che i nostri amici _____ un buon viaggio.（fare）
    私たちの友人たちが無事に旅行してくれたと願っています。

解答は P.230

⦿DL-69

Pensavo che Yuki parlasse bene il russo.

由紀はロシア語を上手に話せると思っていました。

Era meglio che tu prendessi un taxi.

君はタクシーに乗った方がよかったでしょう。

❸この課で学ぶこと

・接続法の半過去と大過去について学ぶ。

・これらを使いこなすために、主節の時制に注意を払えるようにする。

⊕**接続法半過去**（Congiuntivo Imperfetto）

　第23課で見たように、接続法は主観という要素を含んだ、「不確実なこと」や「個人的な意見」を表す際に使う言い方で、主に従属節のなかで使われるものでした。本課では引き続き接続法について学びますが、まずは接続法の半過去から見ていきましょう。

　接続法半過去は、主節の動詞と「同時に起こったこと」もしくは「それよりも後に起こること」を表します。ですから、従属節で接続法の半過去が使われる場合、主節の動詞が直説法の過去時制（多くは半過去）、もしくは条件法になることがほとんどです。次の例文を見てください。

Penso　　che Yuki parli bene il russo.

主節：直説法現在　　　　従属節：接続法現在

<u>Pensavo che Yuki parlasse bene il russo.</u> ［例文］

主節：直説法半過去　　　　　　　従属節：接続法半過去

　主節の動詞が直説法現在か未来の場合に従属節で接続法現在 parli を使うのに対して、主節の動詞が過去時制（主に半過去）の場合には従属節で接続法半過去 parlasse を使います。「由紀がロシア語を上手に話す」ということを、「私が考えている」（現在）のか、それとも「考えていた」（半過去）のか、という時制の違いに呼応して、parlare「話す」の時制が parli（接続法現在）から parlasse（接続法半過去）へと変化しています。

　ただし、次のように主節の動詞 penso「考えている」（現在）よりも前に起こったこと（過去）であっても、継続的・習慣的な動作や状態を表す場合には接続法半過去 fosse「～だった」を使う場合があります。

<u>Penso che Paolo, da bambino, fosse contento.</u>

主節：直説法現在　　　　　　　　従属節：接続法半過去

　　　　　　　　　　　　パオロは子供のころ満足していたように思います。

➕ 接続法半過去の活用形

① 規則変化

	parl**are**	av**ere**	cap**ire**
...... che io	parl**assi**	av**essi**	cap**issi**
...... che tu	parl**assi**	av**essi**	cap**issi**
...... che lui / lei / Lei	parl**asse**	av**esse**	cap**isse**
...... che noi	parl**assimo**	av**essimo**	cap**issimo**
...... che voi	parl**aste**	av**este**	cap**iste**
...... che loro	parl**assero**	av**essero**	cap**issero**

1 人称単数と 2 人称単数では同じ活用形になります。また、接続法半過去の活用では avere は規則変化になり、-ire 動詞に -isc- 型の変化をするものはありません。そして、すべての動詞の活用形に **-ssi, -ssi, -sse, -ssimo, -ste, -ssero** の音が共通しています。

②不規則変化（主なもの）

　不規則変化動詞であっても、1 人称単数の活用形が分かれば、全ての動詞に共通する -ssi, -ssi, -sse, -ssimo, -ste, -ssero の音を加えることで、その他の活用形が導きだせます。

essere　→　**fossi, fossi, fosse, fossimo, foste, fossero**

bere　　→　**bevessi, bevessi, bevesse, bevessimo, beveste, bevessero**

dare　　→　**dessi, dessi, desse, dessimo, deste, dessero**

dire　　→　**dicessi, dicessi, dicesse, dicessimo, diceste, dicessero**

fare　　→　**facessi, facessi, facesse, facessimo, faceste, facessero**

stare　　→　**stessi, stessi, stesse, stessimo, steste, stessero**　　など

⊕ **接続法半過去の使い方**　　　　　　　　　　　　　　　　Ⓓ DL-70

　接続法半過去は、主節の動詞（直説法の過去時制や条件法）と「同時に起こったこと」、もしくは「それ以降に起こったこと」である点に注意しながら、用法を見ていきましょう。

①意見を述べる動詞と一緒に使う（pensare che「〜だと考える / 思う」、credere che「〜だと思う」、supporre che「〜だと推測する」など）

Pensavamo che il professore non venisse.

　　　　　　　　　　　　　　　　　　私たちは教授が来ないと思っていました。

②希望や意志、欲求などを表す動詞と一緒に使う（sperare che, preferire che「〜であるように望む」、augurarsi che「〜であるよう希望する」、volere che, desiderare che「〜であるように欲する」など）

Antonella sperava che il suo lavoro fosse meno faticoso.

アントネッラは自分の仕事がそこまで大変ではないと期待していました。

Vorrei che mia madre capisse la mia scelta.

母が私の選択を理解してくれればよいのだけれど。

③疑念を表す表現や動詞と一緒に使う（dubitare che「〜だと疑う」、non essere sicuro che「〜だということに確信がない」など）

Dubitavamo che Vittorio facesse la spesa.

ヴィットーリオが買い物をするかどうか私たちは疑っていました。

era certo che、era evidente che、era chiaro che、era sicuro che、era vero che など、その事柄が明らかであるという表現には接続法は使いません。
Era vero che il museo era chiuso. Era lunedì.「美術館が閉まっていたのは当然だったよ。月曜日だったから。」（直説法）

④感情や心の状態を表す表現と一緒に使う（essere contento che「〜だということに満足している」、avere paura che, temere che「〜ではないかと心配する（思う）」など）

Avevo paura che a Luca non piacesse il sushi.

ルカが寿司を嫌いなのではと心配でした。

　ここで説明した用法（①〜④）では、主節の主語と従属節の主語が同じ場合、「di +不定詞」で表現します。

Speravo di arrivare presto.　私は早く到着したいと望んでいました。

Leonardo sperava di vincere.　レオナルドは勝ちたいと願っていました。

⑤非人称の表現と一緒に使う（bisognare che「〜であることが必要である」、
essere giusto che「〜であるのは正当である」（直説法を使う場合もある）、essere
meglio che「〜した方がよい」、essere probabile che「〜であることはあり得る」、(mi)
dispiacere che「（私には）〜であることが残念である」、(mi) fare piacere che「（私
には）〜であることがうれしい」、(mi) sembrare che「〜のようだ」、potere darsi
che「〜かもしれない」など）

Bisognava che Massimo parlasse con sua moglie.

マッシモは奥さんと話す必要があったでしょう。

Sarebbe meglio che tu riposassi ancora un po'.

君はもう少し休んだ方がいいでしょう。

⑥接続詞（句）と一緒に使う（affinché, in modo che「〜するように」、a meno
che non「〜でなければ」、a patto che「〜するのなら」、benché, nonostante,
sebbene「〜であるにもかかわらず」、prima che「〜する前に」、purché「〜という
ことなら」、senza che「〜ではないのに」など）

Nonostante avesse il raffreddore, Franco ha lavorato fino a tardi.

風邪をひいていたけれど、フランコは遅くまで働きました。

Le hostess hanno preparato tutto prima che arrivassero i passeggeri.

フライトアテンダントは乗客が到着する前にすべて準備を整えました。

➕接続法半過去を単独で使う場合

接続詞 magari や se と一緒に接続法半過去を使うことで、仮定的な願望
「〜だったらいいのになあ」を表すことができます。このような場合は、
独立節で使うことができます。

Magari potesse venire anche Anna!

アンナも来ることができればいいのに！

Magari avessi un jet privato.

プライヴェート・ジェット機が持てればいいのに！

➕ 接続法大過去の作り方と使い方

> avere もしくは essere の接続法半過去　＋　過去分詞

　助動詞 avere, essere の見分け方や、助動詞に essere をとる場合は、過去分詞の語尾を主語の性数に一致させるといったルールは、直説法近過去の時と同じです。

　直説法の過去時制（主に半過去）で表されている主節の動詞よりも、前に起こったことを表します。

Avevo paura che tu avessi perso il volo.

君が飛行機に乗り遅れたのではと心配していました。

（私が心配していたのよりも前のこと＝接続法大過去）

La maestra pensava che io avessi cantato bene.

先生は私が上手に歌ったと思っていました。

Leonora pensava che Alvaro fosse partito in macchina.

レオノーラはアルヴァーロが車で出発したと思っていました。

★ 練習問題

（　　）内の動詞を訳文に合わせて活用させて、文を完成させましょう。

1. Mi dispiaceva che tu non _____ bene.（mangiare）
   君がしっかりと食べていなかったのが残念だったわ。

2. Non credevamo che Maria _____ cucinare.（sapere）
   マリーアに料理ができるなんて僕たちは思ってなかったよ。

3. Vorrei che Enzo e Luisa _____ d'accordo.（essere）
   エンツォとルイーザが賛成してくれるといいのだけれど。

4. C'era il traffico e ho pensato che _____ un incidente.
   （succedere）
   渋滞していたので、交通事故があったのではと私は思った。

5. Era un peccato che Marcello e Daniela _____ .（lasciarsi）
   マルチェッロとダニエーラが別れてしまうのが残念でした。

6. Mio padre credeva che io _____ spesso tuo fratello.（vedere）
   父は私があなたのお兄さんとよく会っていると信じていました。

7. Loro hanno sperato che il professore _____ pochi compiti.（dare）
   彼らは教授が課題をほとんど出さないと期待していました。

8. Pensavo che tu _____ già _____ mia moglie.（conoscere）
   君はもう私の妻を知っていると思っていたよ。

9. Meno male che sei arrivata. Avevo paura che _____ .
   （perdersi）
   到着してよかった。君が道に迷ってしまったのではと心配していたんだよ。

10. Credevamo che tutto _____ fra voi.（finire）
    すべて君たちの間で終わっていたと信じていたのに。

解答は P.230

時刻の読み方

　「何時ですか？」という表現は、Che ora è? もしくは Che ore sono? と言います。質問の場合は単数で質問しても、複数で質問してもかまいません。ただし、答える場合には「1 時」だけが単数になり、それ以外は複数になるので注意してください。

　　È l'una.「1 時です。」（単数）　　Sono le due.「2 時です。」（複数）
「○時○分」という場合には、「e ＋数字」を加えます。

　　Sono le due e dieci.「2 時 10 分です。」
「15 分」には quindici と un quarto という表現があります。

　　Sono le due e quindici. = Sono le due e un quarto.
「30 分」は trenta の他に、mezzo/mezza でも表せます。

　　Sono le due e trenta. = Sono le due e mezzo.
「45 分」は quaranta cinque だけでなく tre quarti とも言います。

　　Sono le due e quaranta cinque. = Sono le due e tre quarti.
「○分前」と言いたい場合には、「meno ＋数字」と添えます。

　　Sono le tre meno dieci.「3 時 10 分前」

　公の場（ニュースや駅の時刻案内など）では 24 時間で表現しますが、日常生活では通常 12 時間で表現します。例えば「3 時」という時に、夜の 3 時か午後 3 時が紛らわしい場合にはそれぞれ、le tre di notte, le tre di pomeriggio のような表現を補います（di mattina「朝の」、di pomeriggio「午後の」、di sera/di notte「夜の」）。

　数字以外にも、mezzogiorno「正午」や mezzanotte「午前 0 時」といった表現があります。この場合、単数扱いになります。

　　È mezzogiorno.　　　　　　　　È mezzanotte.
さらに、「正午を 10 分回ったところ」と言うこともできます。

　　È mezzogiorno e dieci.

◎DL-71

Se hai caldo, accendo l'aria condizionata.

暑いようなら、エアコンを入れますよ。

Se riuscissi a prendere l'aereo delle 20, arriverei a Sapporo entro oggi.

20 時の飛行機に乗れるようであれば、僕は今日中に札幌に着けます。

Se non avessi bevuto, ora ti accompagnerei.

もし飲んでいなかったら、君のことを送っていくのに。

・・・

❸ この課で学ぶこと

・仮定文について学ぶ。
・条件を表す従属節と結果を表す主節との 2 つの部分をしっかりつかめ
　るようにする。
・実現の可能性によって 3 つのタイプを使い分けられるようにする。

➕ 仮定文 (Periodo Ipotetico) とは

　仮定文とは、主節と従属節の 2 つのフレーズで作られます。通常、接続
詞 se「もし〜」を伴う方が従属節で、主節の内容が成立するための条件
を示します。主節と従属節はどちらが先に来ても間違いではありません。
　仮定文は、一般的に次の 3 つのタイプに分けられます。

タイプ 1：現実の仮定
タイプ 2：可能性の仮定
タイプ 3：非現実の仮定（実現の可能性がない）

⊕現実の仮定

　基本的に、現在の事実を前提にした仮定文です。このタイプの仮定文では、従属節、主節の動詞には直説法を使います。1 つ目の例文 Se hai caldo, accendo l'aria condizionata. がこのタイプになります。

| Se 直説法（従属節） ＋ 　直説法〔もしくは命令法〕（主節） |

Se vado a letto molto tardi, non riesco a svegliarmi la mattina.

ベッドに入るのが遅くなると、僕は朝起きることができない。

Se Mauro ha detto così, ha sbagliato lui.

マウロがそんなふうに言ったのなら、彼が間違えたのだよ。

Se supererai l'esame, i nonni ti regaleranno un motorino.

お前が試験に合格したら、祖父母がスクーターをプレゼントしてくれるよ。

　従属節、主節のいずれにも直説法が使われます。このタイプの仮定文では、現在だけでなく過去時制や未来時制も使うことができます。また、表現内容に応じて主節の動詞が命令法（第 21 課参照）になる場合もあります。

Se vai al mercato, compra tre etti di prosciutto crudo.

市場に行くなら、生ハムを 300 グラム買って来て。

⊕可能性の仮定

　基本的に、実現が難しいと判断される仮定や現時点での状況に反する仮

定に基づいた表現です。これは、現在もしくは今後、実現の可能性がゼロではないことを示すものです。

　実際の会話などでは、状況や本人の努力、幸運に恵まれることで可能になるものから、その実現はほぼ不可能と思えるものまでを表すので、前後関係や話し手の意図を理解する必要があります。

　2つ目の例文の Se riuscissi a prendere l'aereo delle 20, arriverei a Sapporo entro oggi. がこのタイプの仮定文になります。それぞれの節で使う動詞の法は、次のようになります。

Se 接続法半過去（従属節）＋ 条件法現在（主節）

Se uscissi di casa subito, arriverei in tempo per il concerto.

もしすぐに家を出れば、コンサートの時間に間に合うだろうに。

Se tu studiassi italiano così tanto, lo parleresti benissimo.

もし君がイタリア語をしっかり勉強するなら、とても上手に話せるようになるだろうね。

　ただし、文法上このタイプに区分けされる仮定文のなかでも、実際にそのような結果が得られるのは難しい（ほぼ不可能だと判断できる）フレーズが表現されることもあります。

Se fossi più alta, farei la modella.

もし私の背がもっと高かったら、モデルをやるのに。

Se fossi una principessa, porterei dei bei gioielli.

私が王女なら、美しい宝石を身に着けるのに。

Se fossi in te non accetterei questo lavoro.

もし僕が君の立場なら、この仕事は引き受けないのに。

➕ 非現実の仮定（実現の可能性が全くない）　　　◎DL-72

過去の現実に反する仮定や現在の事実に反する仮定をおこなう表現です。

タイプ 2 との違いは、実現の可能性がゼロという点です。いまさら言っても仕方のないこと、と覚えておきましょう。3つ目の例文 Se non avessi bevuto, ora ti accompagnerei. がこのタイプの仮定文になります。形は次のようになります。

> **Se 接続法大過去（従属節）＋ 条件法過去／現在（主節）**

Se ti fossi dottorato allora, avresti trovato un lavoro migliore.

<blockquote>当時もし君が博士号を取っていたら、もっとよい仕事を見つけられただろうに。</blockquote>

Se fossimo venuti a quella festa, avremmo mangiato molto bene.

<blockquote>もし私たちがあのパーティーに来ていたら、とてもよい食事をしていただろうに。</blockquote>

Se tu non avessi bevuto troppo, ora non avresti mal di testa.

<blockquote>もし君が飲みすぎていなければ、今頭が痛くはないだろうに。</blockquote>

　日常会話などの口語表現では、非現実の仮定や現在の事実に反する仮定をする場合に、「Se 直説法半過去＋直説法半過去」となることがあります。

Se sapevo guidare la macchina, facevo prima.

= Se avessi saputo guidare la macchina, avrei fatto prima.

<blockquote>もし車の運転ができたなら、もっと早く着いていたのに。</blockquote>

　さきほども触れた非現実の仮定や現在の事実に反する仮定をおこなう場合であっても、「Se 接続法大過去＋条件法現在」ではなく、「Se 接続法半過去＋条件法現在」の形を使うことがあります。

Se fossi in te non accetterei questo lavoro.

<blockquote>もし僕が君（の立場）なら、この仕事は引き受けないのに。</blockquote>

Se fossi il primo ministro ascolterei di più i cittadini.

<blockquote>もし私が首相なら、国民の意見にもっと耳を傾けるのに。</blockquote>

✴ 練習問題 1

以下の文は実現の可能性がある、もしくは可能性がゼロではない仮定文（タイプ 1、タイプ 2）です。以下のリストから適切な動詞を選び出し、文を完成させましょう。

---

partissi/ ci fosse / giocherebbero / uscissi / avrei / vincessi / avessimo / telefono /
arriverei / arriveresti / mi comprerei / piovesse / daremmo / avresti / fossi / verrà

---

1. Se non _____ lo sciopero, （io）_____ in ufficio.

2. Se（io）_____ più magro, _____ tante ragazze.

3. I miei figli _____ fuori, se non _____ .

4. Se tu _____ spesso con noi, _____ la possibilità
   di fare nuove amicizie.

5.（Io）_____ una villa al mare, se _____ alla lotteria.

6. Se tu _____ ora, _____ in tempo.

7. Se noi _____ una macchina, ti _____ un passaggio.

8. Se gli _____ , _____ da me volentieri.

✴ 練習問題 2

以下の文は実現の可能性がない仮定文（タイプ 3）です。（　）内の動詞を活用させて文を完成させましょう。

1. Se tu ci _____ prima, ti _____ a cena da noi.
   （telefonare, invitare）

2. Se noi _____ che eri senza macchina, ti _____
   alla stazione.（sapere, accompagnare）

3. Se tu _____ a sciare, ora _____ di più.
   （imparare, divertirsi）

4. Se non _____ , noi _____ a fare una passeggiata.
   （piovere, andare）

5. Io _____ un voto migliore, se _____ di più.（prendere, studiare）

解答は P.230

否定的な答え方について

　イタリア語の疑問文のうち、疑問詞を使わないものには、Sì か No で答えます。例えば、Vuoi un po' di vino?「ワインを少しいかがですか？」と訊かれた場合、日本語で考えるとなかなか No とは答えにくいでしょうが、イタリア語ではやはり Sì か No（意思）を明確に示さなくてはなりません。できることなら、Sì, volentieri. とか No, grazie. とプラスアルファの言葉を添えたいものです。

　また、Non ce l'hai una penna?「ペンを持っていないの？」のような否定疑問を投げかけられた場合には、日本語で考えないようにしてください。つまり、Ce l'hai una penna? と肯定疑問文で訊かれたとしても、Non ce l'hai una penna? と訊かれたとしても、答える方は、自分がペンを持っているかどうかによって Sì か No かを答えればよいのです。持っていれば「Sì, ce l'ho.」、持っていなければ「No, non ce l'ho.」と答えます。

　さらに私たちが間違えやすい例をひとつ。Io prendo un caffè, e tu?「私はコーヒーにするけど、君は？」とたずねられた時に、自分も同じものが欲しい場合には Anch'io.「私も」と言うことができます。これに対して、Stasera io non vado al cinema con Laura. E tu?「今晩、私はラウラと映画に行かないけれど、君は？」とたずねられ、自分も同様に行かないという場合には Neanch' io.「私も（行きません）」となります。

　これらことは頭ではすぐに理解できるでしょうが、実際に会話してみるとなかなか難しかったりもします。理解するだけでなく、どんどん使いながら身体に覚え込ませていきましょう。

まとめ（第**21**課から第**25**課）

【第 **21** 課】 動詞にはいくつかの「法」があります。日常会話などでも話し手が自分の話している内容をどのように捉えているのか、どのように伝えたいのかといった心的状態を表現し分ける際に、modo「法」を使い分けます。動詞を人称と時制で活用させて表現する modo definito「定法」（直説法、命令法、接続法、条件法）と人称的な変化を伴わない modo indefinito「不定法」（不定詞、分詞、ジェルンディオ）とがあります。

　命令だけでなく、助言やお願いをする際に用いる命令法についても学びました。相手に何らかの意思を伝えるものなので、基本的に 2 人称に対して使いますが、1 人称複数では「〜しましょう」といった勧誘表現になります。否定命令は動詞に non を付けるだけで作れますが、2 人称単数の場合は「non ＋不定詞」のかたちをとります。

【第 **22** 課】 条件法は多くの場合、ある条件のもとで（もし……ならば）、「〜だろうに」と表現する際の、「〜だろうに」の部分に用いられます。つまり、第 25 課で学んだ仮定文で使われることが多いわけです。第 22 課では、独立節（単独）で使う例を学びました。主に、欲求や希望、丁寧な頼みごとをする場合や助言をする際に使う他、仮定の話や第三者から伝え聞いたことなどを表します。条件法には現在と過去があります。

【第 **23** 課】 頭の中で考えたり、願ったりしていることを表現する叙法、接続法について学びました。接続法はその名が示すように、接続詞などによって導かれる従属節のなかで使われることが多く、penso che「〜だと考えている」や temo che「〜だと恐れている」のように、話し手の主観（願望や疑いなど）が含まれるような表現では接続法が使われます。

　直説法現在で表された主節の動詞と同時、またはそれ以降の事柄を表す際には接続法現在を、主節の動詞よりも前に起こった事柄を表す際には接続法過去を使います。

【第 **24** 課】　接続法の半過去と大過去について学びました。こちらも接続法の現在・過去と同じように、個人的な考えや不確実な事柄を表す際に用いますが、主節の動詞が直説法の過去時制、もしくは条件法の場合に用います。主節の動詞と同時、もしくはそれ以降の事柄を表す際には接続法半過去を、主節の動詞よりも前に起こったことを表す際には接続法大過去を使います。

【第 **25** 課】　「もし……なら、～」という、仮定文について学びました。仮定文には、①現実の状況に基づいた仮定、②可能性の仮定（可能性のパーセンテージは問わない）、③非現実の仮定（可能性はゼロ）の３つのタイプがあります（ただし、②可能性の仮定に区分けされるものでも、実際には実現不可能な仮定がなされることもあります）。

　この３つのタイプに応じて主節、従属節で使われる動詞の法と時制が決まっていますのでしっかり整理しておきましょう。

第 26 課　受動態

◎DL-73

Venezia è visitata da molti turisti giapponesi.

ヴェネツィアは多くの日本人観光客の訪問を受けます。

Questa chiesa è stata affrescata da Giotto.

この教会のフレスコ画はジョットによって描かれました。

Le medicine vanno tenute lontano dalla portata dei bambini.

薬は子供の手から離れた所に保管されなくてはならない。

・・・

❸ この課で学ぶこと

・受動態の形と表現を学ぶ。

・受動態の形は「essere ＋ 過去分詞」か「venire ＋ 過去分詞」の形で作る。

・動作主を示す場合には、通常、前置詞 da と一緒に使われる。

・「代名詞 si ＋ 他動詞の３人称（単数・複数）＋（単数・複数）名詞」の形でも、一般的な意味合いを含んだ受動態を作ることができる。

⊕ 受動態（Forma passiva）とは

　イタリア語では英語などと同様に、他動詞を「～する」という形で使っているのか、それとも「～される」という形で使うかによって、その動詞の使われ方の違い（態）に着目します。その際、前者を能動態、後者を受動態と言います。態にはこの２つがあります。

　「多くの日本人観光客がヴェネツィアを訪れる。」という文を例にとって

みましょう。

[能動態]　**Molti turisti giapponesi　visitano　Venezia.**

　　　　　　　　　　　主語　　　　　　　　　能動態　　　直接目的語

[受動態]　**Venezia è visitata da molti turisti giapponesi.**

　　　　　　主語　　　受動態　　　　動作主［能動態の時の主語］

➕受動態の作り方

受動態で表現する動詞の時制によって作り方が異なります。

①単純時制の場合

> essere もしくは venire ＋ 他動詞の過去分詞 ＋ （da ＋ 動作主）

過去分詞の語尾は主語の性数に一致させます。

essere と venire、どちらを使っても意味は変わりません。動作主が示されないこともありますが、多くの場合、前置詞 da を伴って示されます。

時制は助動詞（essere もしくは venire）を変化させて表します。ただし単純時制のみなので、現在、単純未来、半過去、遠過去で表す場合に限られます。

Venezia è visitata da molti turisti giapponesi. ［例文］
= Venezia viene visitata da molti turisti giapponesi.

Questo mazzo di fiori viene regalato a Violetta da Alfredo.

　　　　　　　　　　この花束はアルフレードからヴィオレッタに贈られます。

上の文を能動態で表すと、Alfredo regala questo mazzo di fiori a Violetta. となります。この文では、直接目的語が questo mazzo di fiori、間接目的語が a Violetta ですが、能動態の間接目的語を受動態の主語にすることはできません。

②複合時制の場合

> essere stato ＋ 他動詞の過去分詞 ＋ （da ＋動作主）

　過去分詞の語尾は主語の性数に一致させます。近過去（essere を現在
形で活用）や大過去（essere を半過去形で活用）などの文でも使えます。

Questa chiesa è stata affrescata da Giotto. ［例文］

　単純時制の受動態の文であれば、助動詞に essere, venire のいずれを使
っても、基本的に意味は変わりません。ただし、以下のように 6 時の時
点で門がまさに開けられることを示したい場合（la porta è aperta とする
と受動態ではなく、「essere ＋形容詞」の意味合いで「開いている（状態）」
だと解釈されるので）、「venire ＋過去分詞」の受動態を使います。

In estate la porta viene aperta alle 6.　　　夏は門が 6 時に開けられます。

　イタリア語では、間接目的語を受動態の主語にすることはできません。
つまりルチーアを主語にはできません。

Edgard ha dato un anello a Lucia.

　　　　　　　　　　　　　　　エドガルドはルチーアに指輪を与えました。

⇒ **Un anello è stato dato a Lucia da Edgard.**

　　　　　　　　　　　　　　　指輪がルチーアにエドガルドから与えられました。

・近過去（複合時制）なので、venire を使った受動態で表すことができない。

➕助動詞に andareを使う受動態

　助言、法や条例などの順守事項、依頼、勧告などを表現する場合には、
「andare ＋ 他動詞の過去分詞」というかたちの受動態を使うことができま

す。こちらは、「〜されるべきだ」という意味を表し、動作主は示されません。

Le medicine vanno tenute lontano dalla portata dei bambini.　［例文］
Il caffè va servito caldo.　= **Il caffè deve essere servito caldo.**

コーヒーは熱く提供されるべきです。

⊕ 代名詞 si を使った受動態（Si passivante）

> Si ＋他動詞の 3 人称単数＋単数名詞（主語）
> Si ＋他動詞の 3 人称複数＋複数名詞（主語）

代名詞 si を使って受動態を表現する際、代名詞の si を「受身の代名詞」と呼びます。このタイプの受動態では、動作主は示されず、（文の構造上、主語になる）単数名詞か複数名詞があります。

文の構造上の主語
In questo ufficio si danno informazioni turistiche.

この事務所では、観光情報が提供されます。

このタイプの受動態では、動作主「誰によって」の部分が表されないため、一般的な意味合いの文になります。そのため、受身の「〜される」なのか、一般的に「人は〜する」のかがはっきりしないこともあります（第27課コラム参照）。例えば次の例文を見てください。

Giovedì si mangiano gnocchi.　　木曜日にはニョッキが食べられます。

「木曜日にはニョッキが食べられます。」と受身であることが意識できるように訳しましたが、実際には「木曜日には多くの人がニョッキを食べます」という一般的なニュアンスも含まれています。

si を使った受動態を近過去にする場合には、essere を使います。ただし、日常会話などではあまり使われません。

Si sono visti forestieri al porto antico.

旧港によそ者がいるのが見えました。

★ 練習問題 1

以下の文を受動態に書き換えましょう。

1. Questo pomeriggio un vigile ha fermato Giorgio.

----

2. Giotto ha affrescato la cappella degli Scrovegni.

----

3. Il comandante Yoshida pilota il nostro volo.

★ 練習問題 2

以下の文を能動態に書き換えましょう。

1. "La Gioconda" è stata dipinta da Leonardo Da Vinci.

----

2. La pizza margherita è stata inventata dai napoletani.

----

3. L'imposta sui consumi verrà cambiata dal governo in aprile.

★ 練習問題 3

以下の文を andare を使った受動態で書き換えましょう。

1. Questo cibo deve essere conservato da 0° a + 5℃.

----

2. Il biglietto dell'autobus deve essere timbrato prima di salire.

----

3. La tesi deve essere presentata entro l'8 marzo.

解答は P.230

◉ DL-74

In questa trattoria si mangia bene.

このトラットリーアでは美味しく食事ができます。

Si temeva per la salute dell'imperatore.

天皇陛下の健康が気遣われていました。

❶ **この課で学ぶこと**

・代名詞 si を使った非人称の形を学ぶ。

・これまで習った代名詞 si の役割の違いを整理する。

・いろいろな非人称の表現（非人称動詞・非人称構文）を学ぶ。

➕ **非人称形（Forma impersonale）とは**

　非人称形とは、主語を特に規定することなく、「人」全般について表現する時に使う動詞の形です。

　イタリア語では代名詞 si を使い、非人称主語代名詞と呼びます（「非人称の si」とも言います）。非人称形の意味合いとしては、通常「人は」を意味しますが、「私たちは」を意味することもあります。

➕ **非人称形の作り方**

　特定の主語と結び付かない形ですが、便宜上、動詞は 3 人称単数になります。ですから、「（主語の代名詞）si ＋（動詞の）3 人称単数」という形をとります。

si ＋動詞の 3 人称単数

In aereo non si può fumare.　　　　　　　機内では煙草を吸うことができません。

In questa trattoria si mangia bene.　［例文］

Si temeva per la salute dell'imperatore.　［例文］

　すべての動詞において非人称形で表現することができますが、再帰動詞を非人称で表現する際には、非人称主語代名詞と再帰代名詞が連続して **si si** となってしまうので、最初の si を ci にして **ci si** とします。

ci si ＋ 動詞の 3 人称単数

Oggi in Giappone ci si sposa più tardi che in passato.

　　　　　　　　　　　　　　今日の日本では、昔よりも遅くに結婚します。

Per non prendere l'influenza ci si lava le mani e si fanno i gargarismi.

　　　　　　　インフルエンザにかからないために手洗いとうがいをします。

　非人称形で表現する際に、形容詞を伴う場合には、動詞は 3 人称単数を使いますが、**形容詞は 3 人称複数**にします。

Si è stanchi quando si lavora fino a tardi.　　　　遅くまで働くと疲れます。

Nella mia città natale si vive tranquilli.

　　　　　　　　　　　私の故郷では、落ち着いた生活を送っています。

　近過去などの複合時制では次の点に注意してください。非人称形では助動詞はすべて essere になります。また、動詞がもともと助動詞に avere をとるものでは、過去分詞は男性単数になり、essere をとるものでは男性複数になります。

In questa casa si è cenato alle nove per anni.

この家では数年の間、9時に夕ごはんを食べました。

cenare は助動詞に avere をとるので、cenato［男性単数］となります。

Con il traffico si è arrivati in ritardo.

渋滞の影響で（私たちは）遅れて到着しました。

arrivare は助動詞に essere をとるので、arrivati［男性複数］となります。

➕非人称動詞　　　　　　　　　　　　　　　　　**⊙DL-75**

イタリア語には非人称動詞と呼ばれる動詞があります。非人称動詞には、
　①主語を伴わないもの
　②主語が動詞の不定詞、もしくは接続詞 che に導かれる名詞節など
があります。動詞を活用させる場合には、3人称単数の形にします。

具体的には、天候を表すもの（piovere「雨が降る」、nevicare「雪が降る」、tuonare「雷が鳴る」など）があります。天候を表す非人称動詞を複合時制で表す場合には助動詞 essere, avere のいずれも使うことができます。ただし essere を使う場合、過去分詞の語尾を男性単数にします。

Domani piove.　　明日は雨です。

La settimana scorsa è nevicato tanto.

（= **La settimana scorsa ha nevicato tanto.**）

先週、雪がたくさん降りました。

本来は非人称動詞ではありませんが、非人称動詞のように使えるものに、天候を表す fare (farsi)「〜である」という表現があります。

Oggi fa caldo.　　今日は暑い。

Si fa buio.　　暗くなる。

3人称複数形を主語なしで用いることで、非人称的な意味合いを出すことができます。例えば、

Dicono che lo yen si rafforzerà ancora. は、「円高はさらに進むだろうと言われている。（人々が言っている）」という意味になります。

　また、bastare「〜するだけでよい」、bisognare「〜が必要である」、capitare「〜が起こる」、convenire「〜する方がよい」、sembrare「〜のように見える」、servire「〜の役に立つ」などは、後に「(di +) 不定詞」や「che で始まる名詞節」が続きますが、これが文の主語になります。

Bisogna dirglielo.　　　　彼にそれを言う必要がある。

Ci capita spesso di vedervi in quel bar.

　　　　　　　　　　　私たちは君たちのことをあのバールでよく見かけるよ。

Ti conviene andare da lui.　　　彼のところに行った方がいい。

➕非人称構文

　essere を使って非人称の表現をする際には、次のような構文を使います。

> **essere ＋ 形容詞 ＋ 主語**〔不定詞もしくは名詞節〕

この構文で使われる形容詞には、chiaro「明らかな」、difficile「難しい」、facile「容易な」、impossibile「不可能な」、meglio「よりよい」、naturale「当然の」、necessario「必要な」、possibile「可能な」などがあります。

È impossibile compiere questa missione entro 24 ore.

　　　　　　　　　　　24 時間以内にこの任務を遂行するのは不可能です。

È chiaro che Maurizio è arrabbiato con te.

　　　　　　　　　　　マウリッツィオが君に腹を立てているのは当然だ。

★ 練習問題 1

以下のリストから適切な表現を選び、文を完成させましょう。

> ci si diverte / ci si è stancati / si vive tranquilli / si sbadiglia / si è gentili

1. In Italia ＿＿＿＿＿＿＿＿ con i turisti.
   イタリアでは観光客に親切に接してくれる。

2. Nelle cittadine ＿＿＿＿＿＿＿＿ .
   小さな町では落ち着いた暮らしができる。

3. ＿＿＿＿＿＿＿＿ quando si ha sonno.
   眠い時にはあくびが出る。

4. ＿＿＿＿＿＿＿＿ tanto a Disneyland.
   ディズニーランドでは大いに楽しみます。

5. Questa scalata è stata dura e ＿＿＿＿＿＿＿＿ molto.
   この階段はきついので、とても疲れます。

★ 練習問題 2

以下の文は、非人称形と受身で表現されています。(　　)内の動詞と形容詞を適切な形に直して、文を完成させましょう。

1. Il Natale ＿＿＿＿＿＿＿＿ in famiglia.（festeggiare）
   クリスマスは家族で祝います。

2. In luglio ＿＿＿＿＿＿＿＿ ad andare in vacanza.（essere pronto）
   ７月には、ヴァカンスに行く準備が整っています。

3. Come ＿＿＿＿＿＿＿＿ gli spaghetti alle vongole?（preparare）
   あさりのスパゲッティはどのように作りますか？

4. Per vincere la gara, ＿＿＿＿＿＿＿＿ .（allenarsi）
   試合に勝つためには体を鍛えます。

5. Dove ＿＿＿＿＿＿＿＿ stasera?（mangiare）
   今日の夜はどこで食べましょうか？

解答は P.231

非人称の si の考え方

　これまで見てきたように、非人称の si を使った表現には特定の主語がありません。また、非人称形では mangiare のように他動詞であっても直接目的語を持ちません（自動詞のように絶対的に使われる）。名詞や代名詞などで文法上の主語（意味上の直接目的語）がフレーズにある場合には、受身（si passivante 第 26 課参照）の表現になります。

　そこから、文法の考え方から言えば、特定の主語がないものが非人称形、特定の主語があるものが受身ということになります。

【非人称】　Si ＋動詞の 3 人称単数

【受　身】　Si ＋動詞の 3 人称単数＋主語（単数）

　　　　　　Si ＋動詞の 3 人称複数＋主語（複数）

　その一方で、非人称の si を使った表現では、特定の主語と結び付かないことから「（一般に）人は」、場合によっては「（一般的に）私たちは」という意味を持ちます。

> In Ticino si parla l'italiano.
>
> 　　　　　（スイスの）ティチーノ州ではイタリア語が話されます。
>
> In Liguria si mangiano anche le lasagne al pesto.
>
> 　　　　　リグーリア州ではペーストのラザニアも食べられます。
>
> Venerdì si mangia pesce.　　金曜日には魚が食べられます。

　文法の考え方からすると、この 3 つの例文は受身の表現になります。ただ、意味の上からすると、一般に「ティチーノ州の人たち」や「リグーリア州の人たち」、「私たち」が話したり、食べたりすることを表しています。つまり、非人称的な意味合いが含まれた受身ということになります。

◎DL-76

Andrea è un ragazzo che piace a tutti.

アンドレアはみんなが好きな男の子です。

Quelli sono gli studenti con cui mio figlio studia all'università.

あれが、私の息子が大学で一緒に勉強している学生たちです。

・・・・・・・・・・・・・・・・・・・・・・・・・・・・・・・・・・・・・・・

➕この課で学ぶこと

・名詞や代名詞をフレーズで説明する時に必要となる関係代名詞を学ぶ。
・説明するフレーズ（関係詞節）の中でどのような役割を果たすのかを把握する。

➕関係代名詞（Pronome relativo）とは

　形容詞は名詞や代名詞に説明を加える（修飾する）場合に使います。例えば、un ragazzo「少年」が gentile「親切な」であれば、un ragazzo gentile「親切な少年」となります。

　un ragazzo をひとつの単語ではなくフレーズ（句や節）で説明する場合には、名詞（もしくは代名詞）と句・節を結び付けるための「関係詞」が必要になります。この関係詞が接続詞と代名詞の両方の働きをする場合、その関係詞を「関係代名詞」と呼びます。例えば、少年が piace a tutti「みんなに好かれる」のであれば、un ragazzo che piace a tutti「みんなが好きな少年」となり、un ragazzo と piace a tutti を結び付ける che が関係代名詞になります。説明される名詞や代名詞（ここでは ragazzo）を「先行詞」と言います。

イタリア語の関係代名詞には、che, cui, il quale, chi, quanto などがありますが、まずは che から見ていきましょう。

⊕関係代名詞 che

関係代名詞の che は、つないだ文（関係詞節）のなかで主語、もしくは直接目的語の役割を果たします。先行詞は、「人」と「モノ」のどちらでも大丈夫です。

まずは関係詞節の中で主語の役割を果たすものから見ていきましょう。

Luigi è un mio <u>amico</u>. + Quell'<u>amico</u> abita nel mio palazzo.
⇒ **Luigi è un mio amico che abita nel mio palazzo.**

> ルイージは私の友人です。その友人は私と同じマンションに住んでいます。
> ⇒ルイージは、私と同じマンションに住んでいる私の友人です。

次に、直接目的語になるものです。

Ho comprato una <u>macchina</u>. + La <u>macchina</u> è italiana.
⇒ **La macchina che ho comprato è italiana.**

> 私は車を買いました。その車はイタリア製です。
> ⇒私が買った車はイタリア製です。

先行詞は必ずしも名詞ではなく、指示代名詞になることもあります。会話では quello che 〜 のように、指示代名詞と関係代名詞を組み合わせて使います。

Non ho capito quello che hai detto.

> 君が言ったそのことが私には理解できていません。

ここでの quello は特定の「あれ」という意味を持たず、一般的な「こと」を表します。常に quello che の形で使い、「ところのこと」という意味に

なります。（→ quanto の項参照）

⊕関係代名詞 cui

　che は単独で使いますが、関係代名詞 cui は「前置詞＋ cui」の形で使います。前置詞が付くことからわかるように、関係詞節の中で間接目的語や状況補語といった役割を果たします。先行詞は、「人」と「モノ」のどちらでも大丈夫です。

Ecco i nuovi vicini. ＋ Ti ho parlato di quei nuovi vicini.
⇒ **Ecco i nuovi vicini di cui ti ho parlato.**

　　　　ほら、新しいご近所さんだよ。僕は君にあのご近所さんたちについて話をしたよ。

　　　　⇒ほら、僕が君に話をした新しいご近所さんだよ。

Ho scritto ad un'amica. ＋ L'amica è italiana.
⇒ **L'amica a cui ho scritto è italiana.**

　　　　　　私は友人に手紙を書きました。その友人はイタリア人です。

　　　　　　⇒私が手紙を書いた友人はイタリア人です。

Viviamo in una città. ＋ La città è molto grande.
⇒ **La città in cui viviamo è molto grande.**

　　　　　　　私たちは町に暮らしています。その町はとても大きいです。

　　　　　　　⇒私たちが暮らしている町はとても大きいです。

　in cui は（時を表す）関係副詞 quando と同じ働きをします。
Mi ricordo bene del giorno in cui ci siamo conosciuti.

（＝ Mi ricordo bene del giorno quando ci siamo conosciuti.）

　　　　　　　　僕たちが知り合ったあの日のことをよく覚えているよ。

「定冠詞＋ cui ＋名詞」の形で、cui を所有形容詞のように使うことができます。cui は「di ＋先行詞」（以下の文では「フランコの」）の意味になります。

Franco, i cui parenti sono famosi musicisti, studierà il pianoforte.

フランコは、親戚が有名な音楽家なのですが、ピアノを勉強するでしょう。

➕関係代名詞 il quale ◉DL-77

quale は先行詞（「人」または「モノ」）の性数に合わせて、il quale, la quale, i quali, le quali と変化させた上で使います。関係詞節のなかで主語になることも、間接目的語や状況補語になることもできます。後者の場合には前置詞と定冠詞が結合する点に注意してください。（前置詞と定冠詞の結合形は第 12 課参照）

	単数	複数
男性	il quale	i quali
女性	la quale	le quali

　このかたちは話し言葉よりも書き言葉でより多く使われるものですが、先行詞の性数が明示されるので、先行詞が曖昧になるのを防ぐことができます。

Ho conosciuto la <u>sorella</u> di Gianni. ＋ La <u>sorella</u> abita a Genova.
⇒ **Ho conosciuto la sorella di Gianni la quale abita a Genova.**

私はジャンニのお姉さんと知り合いになりました。彼の姉はジェノヴァに住んでいます。

⇒ジェノヴァに住んでいる、ジャンニのお姉さんと、知り合いになりました。

　関係代名詞 la quale を使うことで、先行詞が Gianni ではなく彼の姉

sorella であることをはっきりと示すことができます。

　また、前置詞と組み合わせることで、関係詞節のなかで間接目的語や状況補語の役割を果たすこともできます。

Loro sono gli <u>studenti</u>. ＋ Insegno letteratura a quegli <u>studenti</u>.
⇒ **Loro sono gli <u>studenti</u> ai quali insegno letteratura.**

彼らは学生です。私は文学をあれらの学生に教えています。

⇒彼らは、私が文学を教えている学生です。

Le mie <u>amiche</u>, delle quali ti ho parlato, partono domani per l'Italia.

君に話した私の友人たちは明日イタリアに向けて出発するよ。

➕関係代名詞 chi

　こちらは先行詞（「人」のみ）を含んだ関係代名詞で、「〜するところの人」を意味します。

　関係代名詞 chi は、関係詞節だけでなく主節でも使うことができます。また、主語、直接目的語、間接目的語、状況補語といったあらゆる役割を果たすことができます。

Chi dorme non piglia pesci. 　　［諺］眠っている者は魚を捕まえられない。

ここでの chi は主節と関係詞節、両方の主語になっています。

Chi ha commentato questo argomento è esperto in musica.

この話題にコメントした人は音楽の専門家だ。

　前置詞と共に用いることで、間接目的語や状況補語の役割を果たせます。

Sarò gentile con chi sarà gentile con i miei figli.

私の子どもたちに親切にしてくれる人には親切にしてあげます。

➕関係代名詞 quanto

quanto は前出の chi と同様、先行詞を含む関係代名詞です。関係詞節のなかでの働きも chi と同じく、主語、直接目的語、間接目的語、状況補語などになれます。単数形で使う場合と複数形で使う場合があるので注意しながら順に見ていきましょう。

①単数形 quanto

単数形で用いる場合、(tutto) ciò che や (tutto) quello che と同じ意味合いを持ち、「……するところの〜（すべて）」を表します。ただし、「こと」や「モノ」に対して使う表現です。

Ho fatto quanto potevo. 　　私はできるだけのことをしました。

(= Ho fatto <u>tutto quello che</u> potevo.)

Da quanto abbiamo sentito, la condizione è migliorata.

(= Da <u>quello che</u> abbiamo sentito, la condizione è migliorata.)

　　　　　　　　　　　私たちが聞いたところによれば、条件はよくなっている。

②複数形 quanti, quante

複数形には男性形 quanti と女性形 quante の区別があります。「……するところの〜（すべて）」を表し、「モノ」「人」に対して使えますが、少し堅い表現です。「モノ」の場合 (tutti) quelli che、「人」の場合は (tutti) coloro che と同じ意味合いを持ちます。ただし、かなり改まった場で使う表現になります。

Giorgio mi ha presentato a quanti sono intervenuti alla conferenza.

(= Giorgio mi ha presentato a <u>tutti coloro che</u> sono intervenuti alla conferenza.)

　　　　　　　　　ジョルジョは会議に出席したすべての人を私に紹介してくれました。

★ 練習問題

下線部に適切な関係代名詞 che, quale (quali), cui, chi, quanto を入れて文を完成させましょう。

1. ＿＿＿＿＿＿ prepara il caffè è Luca.
コーヒーを入れてくれているのはルカだよ。

2. È vero ＿＿＿＿＿＿ ti ha detto Luisa.
ルイーザが君に言ったことはすべて本当だよ。

3. La città in ＿＿＿＿＿＿ sono nato è molto piccola.
私の生まれた町はとても小さい町です。

4. Maria e Caterina, le ＿＿＿＿＿＿ vengono a Tokyo in aprile, sono mie cugine.
四月に東京へやって来るマリアとカテリーナは私の姪です。

5. Quei ragazzi ＿＿＿＿＿＿ vanno in Italia non parlano italiano.
イタリアに行くあの男の子たちはイタリア語が話せません。

6. La lettera è arrivata nello stesso giorno in ＿＿＿＿＿＿ siete partiti.
その手紙は君たちが出発したのと同じ日に到着しました。

解答は P.231

「あなたと私」と「私とあなた」の違い

　直接目的語になる人称代名詞の 2 人称単数の強勢形 te が同じく主語になる人称代名詞 tu の代わりに使われているのをみなさんは耳にしたことがありますか。スタンダードな現代イタリア語では、2 つの主語人称代名詞が並列して使われる場合で、かつ後ろの主語代名詞が tu の場合に te が使われます。

Io e **te** siamo molto felici.　　　　　　　私とあなたはとても幸せです。
Enzo e **te** siete imbattibili a briscola.★　　エンツォと君はブリスコラでは無敵だ。
　　　★ブリスコラはイタリアのカードゲームの 1 種。

2 人称単数の主語代名詞が最初に来る場合には te ではなく tu を使います。

Tu e io siamo molto felici.　　　　あなたと私はとても幸せです。

◉DL-78

Mi piace cucinare.　私は料理するのが好きです。

Prima di mangiare devi lavarti le mani.

食べる前に、手を洗わなくてはいけないよ。

Sto facendo colazione.　私は朝食をとっているところです。

❸**この課で学ぶこと**

・イタリア語の叙法のひとつ、不定法について学ぶ。

➕**不定法（[Modo] Indefinito）とは**

　不定法とは、「人称」や「時制」によって動詞を活用させない叙法
modo のことです。それに対して、これまで習った直説法などは、特定の
主語の動作や状態を人称や時制によって動詞を活用させることで明確に示
して表現する叙法で、定法（Modo finito）と言います。

　不定法は（それ自体では）特定の主語と結び付くことはなく、人称や時
制によって動詞を活用させません。そのため、定法によって表された動詞
と一緒に使うことが一般的です。イタリア語の不定法には、「不定詞」、「分
詞」、「ジェルンディオ」の３つがありますが、本書では主に不定詞とジ
ェルンディオについて学びます。

➕ 不定詞（Infinito）を使った表現

　不定詞を使った表現では、いわゆる動詞の原形（辞書に出てくる形）を使います。単純形と複合形の2つの形があります。

単純形：動詞の原形	複合形：avere か essere の原形 ＋ 過去分詞

助動詞 avere, essere の使い分けは、直説法近過去などの複合時制のルールに従います。

　動詞の活用をしない不定詞は、それ自身で時制を表すことはできませんが、文中にある主動詞（特定の主語と結びついて活用している動詞）の人称や時制に従って、具体的な時を表すことができます。

　「単純形」は主動詞と「同時、もしくはそれ以降」のことを表し、「複合形」は主動詞「以前に完了している」ことを表します。

Speriamo di non sbagliare.　　私たちは間違わないことを願っています。

Speriamo di non aver sbagliato.　　私たちは間違わなかったことを願っています。

　助動詞 avere や essere の語尾母音 e が脱落して、aver や esser となることがあります。

　目的語人称代名詞や再帰代名詞、代名小詞などは、不定詞の語尾にくっつけてひとつにします。

Marco dice di conoscervi.　　マルコは君たちを知っていると言っています。

Marco dice di avervi conosciuto l'anno scorso.

　　　　　　　　　　　　　　マルコは去年、君たちと知り合ったと言っています。

　多くの場合、前置詞を伴って表現されます。

Dopo aver prenotato l'albergo siamo partiti.

　　　　　　　　　　　　ホテルの予約をしてから、私たちは出発しました。

Stasera vado a trovare la famiglia di Luca.

　　　　　　　　　　　　今晩、ルカの家族に会いに行きます。

不定詞は文の主語になることもできます。

Ridere fa bene alla salute.　　笑うことは健康に良い。

Mi piace viaggiare.　　私は旅行するのが好きです。

不定詞の単純形が命令法のように使われる場合もあります。

①一般的なお願いや指示

　Aprire qui.　　ここから開けてください。

②料理レシピ、取り扱い説明書、薬の服用説明書などの表示

　Tagliare la melanzana a fette.　　ナスを薄切りにする。

③禁止事項の表示

　Vietato fumare.　　喫煙禁止

➕ 使役と放任の表現

　「fare ＋不定詞」で使役の表現「～させる」を、「lasciare ＋不定詞」で放任の表現「～させておく」を表すことができます。使役や放任の表現では、不定詞が自動詞なのか、他動詞なのかに注目します。

①不定詞が自動詞の場合

　使役：fare ＋ 不定詞 ＋ 人：「人に～させる」「人に～してもらう」

　放任：lasciare ＋不定詞＋人：「人を～するがままにしておく」

Faccio <u>venire</u> mio marito con la macchina.　　私の夫を車で来させます。

（Lo faccio venire con la macchina.）　　（私は彼を車で来させます。）

　「来させます」と訳してありますが、日本語のニュアンスとしては「来てもらいます」。

Lasciamo <u>giocare</u> i bambini in giardino.

　　　　　　　　　　　　　　　　公園で子供たちを遊ばせておきましょう。

②不定詞が他動詞の場合

使役：fare ＋ 不定詞（＋事柄）＋ a（da）人 ：「人に〜をさせる」
「人に〜をしてもらう」

放任：lasciare ＋ 不定詞 ＋ a 人 ：「人に〜するままにさせておく」

Hai fatto riparare il computer da Luca?

（ ＝ **Gli** hai fatto riparare il computer? ／ **Gliel'**hai fatto riparare?）

君はルカにコンピューターを修理してもらったの？

Enzo non lascia mai guidare la macchina alla sua fidanzata.

（ ＝ Enzo non **le** lascia mai guidare la macchina. ／ Enzo non **gliela**
lascia guidare.）　　　　　エンツォは彼の婚約者に車の運転を任せたことがない。

➕ ジェルンディオ（Gerundio）とは　　　　　　　　　　🔊 DL-79

　ジェルンディオとは「動副詞」とも呼ばれるもので、副詞のような機能
を持たせた、動詞の一形態です。ジェルンディオを使うことで、「〜しな
がら」という表現や、「進行形」を作ることができます。ジェルンディオ
は不定法のひとつなので、人称や時制によって動詞を活用させることはあ
りません（下の文では partendo がジェルンディオ）。通常、主節の主語
とジェルンディオの意味上の主語は、同じ人や物を示します。

Partendo per Parigi, Federico è venuto a salutarmi.
Partendo per Parigi, Roberta è venuta a salutarmi.
Partendo per Parigi, Federico e Roberta sono venuti a salutarmi.

パリに発つ際、フェデリコは／ロベルタは／フェデリコとロベルタは私にあいさつしに来ました。

　不定詞と同じように、ジェルンディオにも単純形と複合形があります。
単純形の活用形は、-are 動詞では語尾を **-ando** に、-ere 動詞と -ire 動詞

では -endo にすることで導き出せます。

-are 動詞：cant**are** → cant**ando**	
-ere 動詞：cresc**ere** → cresc**endo**	
-ire 動詞：fin**ire** → fin**endo**	

bere, dire, fare, porre, tradurre などは、半過去の１人称単数の形を思い出せば、ジェルンディオの活用形を得ることができます（bere → bevevo → **bevendo** / dire → dicevo → **dicendo** / fare → facevo → **facendo** / porre → ponevo → **ponendo** / tradurre → traducevo → **traducendo**）。

単純形：-ando もしくは -endo	複合形：avendo か essendo ＋過去分詞

複合形は主に書き言葉で使われ、助動詞 avere, essere の使い分けは他の複合時制のルールに従います。

⊕ ジェルンディオの使い方①：副詞節を作る

　ジェルンディオは、「〜しながら」を意味して「様態」を表す副詞節を作れる他、「手段」「時」「理由」「結果」「仮定」「譲歩」などを表す副詞節を作ることができます。ジェルンディオ節は、主節の動詞と同時のことがらを表します。

Facendo ginnastica mi tengo sempre in forma.

(= Faccio ginnastia e in questo modo mi tengo sempre in forma.)

　　　　　　　運動をすることで私はいつも体調をキープしています。【手段】

Essendo molto occupato, non ho potuto chiamarti.

(= Siccome ero molto occupato, non ho potuto chiamarti.)

　　　　　　　とても忙しかったので、君に連絡することができませんでした。【理由】

Potendo, andrei in vacanza sei mesi all'anno.

(= Se potessi, andrei in vacanza sei mesi all'anno.)

　　　　　　　もし可能なら、１年間に６ヶ月のヴァカンスに出かけたいなあ。【仮定】

例文のように、実現が難しいと思われる仮定から、Volendo possiamo andare al ristorante. (= Se vogliamo possiamo andare al ristorante.)「行きたいようなら、レストランに行くことも可能だよ。」のような仮定を表すこともできます。

Pur essendo stanco, ho dovuto lavorare fino a tardi.

(= <u>Anche se ero</u> stanco, ho dovuto lavorare fino a tardi.)

私は疲れていましたが、遅くまで働かなければなりませんでした。【譲歩】

この用法では、ジェルンディオの前に pur を添えます。ジェルンディオ節は「〜ではあるけれど」という意味を持ちます。

　主節の動詞と同時のことを表す場合には「単純形」を、主節の動詞よりも前に完了していることを表す場合には「複合形」を使います。複合形は主に書き言葉で用いられます。

【単純形】　**Ho comprato questa borsa pagandola in contanti.**

私はこのバッグを現金払いで購入しました。

「バッグの購入」と「現金での支払い」は同時に行なったことなので「単純形」

【複合形】　**Avendo studiato tanto passerò gli esami.**

私はたくさん勉強したので、試験に合格するでしょう。

「勉強した」のは「試験にパスするであろう」時よりも前に完了していることなので「複合形」

➕ ジェルンディオの意味上の主語に関する注意点　　　　　🔊 DL-80

　ジェルンディオの意味上の主語が主節の主語と異なる場合には、ジェルンディオ節において主語を示す必要があります。その場合、意味上の主語はふつうジェルンディオの後に示します。

Avendo mia moglie un po' di febbre, ho fatto io la spesa.

妻が少し熱を出していたので、私が買い物をしました。

avendo の意味上の主語は熱を出していた mia moglie「妻」、主節の主語は io「私」

　ジェルンディオに非人称動詞を使う場合、必然的に主節の主語とジェルンディオ節の主語は一致しません。その場合には、ジェルンディオ節の主語は（非人称なので）示されません。

Piovendo a dirotto, come fate a uscire senza ombrello?

土砂降りの雨なのに、君たちは傘なしでどうやって外出するっていうんだい？

➕ ジェルンディオの使い方②：進行形

　ジェルンディオを stare, andare, venire と一緒に使うことで、いわゆる進行形を作ることができます。

① stare ＋ジェルンディオ

「〜しているところだ」を表す進行形を作ることができます。この表現では、stare の部分を直説法現在に活用させると「今まさに起こっている・おこなっていること」を、直説法半過去に活用させると「過去に起こっていた・おこなっていたこと」を表すことができます。

Sto parlando al telefono. 　　　　　　私は電話で話をしているところです。

I bambini si stanno lavando le mani. 　子供たちは手を洗っているところです。

　　再帰代名詞（目的語人称代名詞）は、stare の前に置くのが一般的です。

Quando ho telefonato a Franco, stava discutendo con sua moglie.

フランコに電話した時、彼は奥さんと議論しているところでした。

② andare ＋ジェルンディオ

　こちらは動作や状態が「段階的に」推移している様子、もしくは「反復して」おこなわれる様を表します。

Il tempo va migliorando. 　天候は回復に向かっています。

In quel periodo il costo della vita è andato aumentando.

　　　　　　　　　　　　　その時期、生活費は（徐々に）増加していきました。

③ venire ＋ジェルンディオ

　こちらも段階的に推移している様子を表しますが、「〜し続ける」「〜の度合いを強める」といったニュアンスを含みます。通常、少し硬めの言い回しで使われることが多い表現です。

Il professore ci veniva raccontando sempre la stessa storia.

　　　　　　　　　　教授は私たちにいつも同じ話を繰り返していました。

★ 練習問題

以下のイタリア語は禁止事項を記したものです。辞書を引きながら意味を考えましょう。

1. Non scendere --

2. Non salire --

3. Non usare telefoni cellulari --

4. Non disturbare --

5. Vietato attraversare i binari --

6. Vietato sostare nella zona gialla --

7. Premere qui --

8. Non fare rumore --

9. Indossare la cintura di sicurezza --

10. Vietato fumare --

解答は P.231

◉DL-81

Lucia risponde: "Noi stiamo bene."

ルチーアは「私たちは元気です」と答えます。

Lucia risponde che loro stanno bene.

ルチーアは彼らは元気ですと答えます。

• •

❶この課で学ぶこと

・人に何かを伝える時の表現方法（話法）について学ぶ。

・話法には直接話法と間接話法があり、この２つの話法を転換させる方
　法を学ぶ。

➕直接話法と間接話法（Discorso diretto e indiretto）

　人が何かを使える時の表現方法を話法と言います。本人が直接その場で
話しているように表現する「直接話法」と、話された内容や考えを話し手
（書き手）の視点から表現する「間接話法」の２つの話法があります。

①直接話法

　直接話法は、dire「言う」や chiedere「尋ねる」、raccontare「語る」な
どに導かれる（もしくは先行する）ことが一般的です。また、意味合いが
明白な場合にはこれらの動詞が省略されることもあります。

Magda disse a Ruggero all'improvviso: "Ti devo dire una cosa".

マグダはルッジェーロに突然言った。「あなたに言わなくてはいけないことがあるの」と。

"Sono andati?", ha chiesto Lucia.

「彼らは行ったの？」とルチーアは尋ねました。

E Lucia: - Tu parti stasera?

そしてルチーアが「あなたは今晩出発するのですか？」と。

　書き言葉では、直接話法であることを明示するために、直接話法を導入する動詞（dire や chiedere）の後に「コロン due punti（：）」や「ハイフン trattino（-）」を置きます。また、実際に発言された部分を、「引用符 virgolette（" "）や virgolette basse（« »）」で囲んだり、「ハイフン trattino（-）」で導く場合もあります。

- Buongiorno, signorina Iwata, come sta?

－こんにちは、岩田さん、ご機嫌いかがですか？

- Sto bene, grazie. E Lei?

－とてもよいです、ありがとう。あなたはいかがですか？

②間接話法

　間接話法とは、ある人の考えやある人が直接話した言葉を、語り手（書き手）が自分の視点を通して第三者に語り直す表現方法です。

Magda disse a Ruggero all'improvviso che gli doveva dire una cosa.

マグダはルッジェーロに話さなければならないことがあると突然言った。

Lucia ha chiesto se erano andati. (= Lucia ha chiesto se fossero andati.)

ルチーアは彼らは行ったのかと尋ねました。（接続法大過去⇒第24課参照）

➕話法の転換

　直接話法の表現を間接話法に言い換える場合、次のような点に注意しな

けれなりません。①人称の変化、②指示代名詞や指示形容詞の変化、③場所を表す表現の変化、④時を表す表現の変化、⑤動詞の法や時制の変化
それでは、具体例を挙げながら見ていきましょう。

①人称の変化

Stefania mi dice: "Io vado a piedi e tu puoi prendere la macchina."

　ステファニアは「私は歩いて行くから、あなたは車を使っていいわよ」と私に言います。

⇒ **Stefania mi dice che lei va a piedi e io posso prendere la macchina.**

　例文では、「ステファニア」が「私」に話した内容について述べられています。歩いて行くの主語が io「私」→ lei「彼女」、車を使えるのが tu「あなた」→ io「私」へと変化しています。
　また、主語だけでなく目的語人称代名詞なども変化させます。

Andrea dice: "Mi piace giocare a tennis."

　　　　　　　　　　　　　アンドレアは「テニスをするのが好きです」と言います。

⇒ **Andrea dice che gli piace giocare a tennis.**

②指示代名詞・形容詞や所有代名詞・形容詞の変化

Enzo dice: "Questa è una tecnica difficile da imparare."

　　　　　　　　　エンツォは「これは修得するのが難しい技巧のひとつだ」と言います。

⇒ **Enzo dice che quella è una tecnica difficile da imparare.**

Daniele dice: "Il mio computer non andava bene.

　　　　　　　ダニエーレは「僕のコンピューターは調子が良くなかった」と言いました。

⇒ **Daniele ha detto che il suo computer non andava bene.**

③場所を表す表現の変化（qui/qua ⇒ lì/là）

Gianluca dice: "Qui fa molto freddo".

　　　　　　　　　　ジャンルーカは「ここはとても寒いよ」と言っています。

⇒ **Gianluca dice che lì fa molto freddo.**

④**時を表す表現の変化**

Ignazio ha detto: "Devo uscire ora."

イニャッツィオは「今から出かけないといけないんだ」と言いました。

⇒ **Ignazio ha detto che doveva uscire allora.**

覚えておくと便利な時を表す語の変換表	
oggi → quel giorno	ieri → il giorno prima
domani → il giorno dopo	stasera → quella sera
adesso/ora → allora/in quel momento	l'anno scorso → l'anno prima
l'anno prossimo → l'anno dopo	fra un mese → un mese dopo

⑤**動詞の法や時制の変化**

　直接話法を間接話法で言い換える場合、主節の動詞の法・時制と従属節の動詞の法・時制を対応させなければなりません。その際、直接話法で語られたものが「平叙文」なのか、「疑問文」なのか、「命令文」なのかに注意することが大切です。

➕**平叙文の書き換え**

①**主節の動詞が直説法の現在か未来の場合、che 以下の従属節では「直接話法の法・時制をそのまま」使う**

　時制の上では近過去であっても、avere appena detto「今、言ったばかり」のような表現の場合も、法・時制をそのまま使えます。

②**主節の動詞が直説法の過去時制の場合、「直接話法」で表現された部分の動詞は、以下の表の法・時制へ変化させる**

直接話法		間接話法
1）直説法現在・半過去	⇒	直説法半過去
2）直説法近過去・遠過去・大過去	⇒	直説法大過去
3）直説法未来	⇒	条件法過去
4）条件法現在・過去	⇒	条件法過去
5）接続法現在・半過去	⇒	接続法半過去
6）接続法過去・大過去	⇒	接続法大過去

1) Daniele ha detto: "Il computer non va bene".

　　　ダニエーレは「このコンピューターはきちんと作動していない」と言いました。

⇒ **Daniele ha detto che il computer non andava bene.**

　　Daniele ha detto: "Il computer non funzionava bene".

　ダニエーレは「このコンピューターはきちんと作動していなかったんだ」と言いました。

⇒ **Daniele ha detto che il computer non funzionava bene.**

2) Marcello ha detto: "Ho pagato l'affitto."

　　　　　　マルチェッロは「僕は家賃を払った」と言いました。

⇒ **Marcello ha detto che aveva pagato l'affitto.**

　　Junko ha detto: "Non avevo mai mangiato una pizza così buona.

　順子は「こんなに美味しいピッツァをこれまで食べたことがなかったわ」と言いました。

⇒ **Junko ha detto che non aveva mai mangiato una pizza così buona.**

3) Giorgio ha detto: "Mia moglie non cambierà idea."

　　　　　　ジョルジョは「妻は考えを変えないだろうね」と言いました。

⇒ **Giorgio ha detto che sua moglie non avrebbe cambiato idea.**

4) Luisa ha detto: "Mi piacerebbe tornare in Giappone."

　　　　　　ルイーザは「日本に戻りたいわ」と言いました。

⇒ **Luisa ha detto che le sarebbe piaciuto tornare in Giappone.**

Ken'ichi ha detto: Non <u>avrei</u> mai <u>comprato</u> quella villa.

謙一は「あの別荘を買うことはないだろうな」と言いました。

⇒ **Ken'ichi ha detto che non avrebbe mai comprato quella villa.**

5) Teresa ha detto: "<u>Spero</u> che gli allievi <u>vincano</u> il concorso."

テレーザは「弟子たちがコンクールで勝つように願っている」と言いました。

⇒ **Teresa ha detto che sperava che gli allievi vincessero il concorso.**

6) Luisa ha detto: "<u>Sono</u> contenta che voi <u>abbiate fatto</u> un buon viaggio."

ルイーザは「あなたたちが良い旅行ができてよかった」と言いました。

⇒ **Luisa ha detto che era contenta che voi aveste fatto un buon viaggio.**

➕疑問文の書き換え

　基本的には平叙文での書き換えのルールに従います。ただし、直接話法の時に直説法で表現していたものを、間接話法では接続法に置き換えることも少なくありません。また、疑問詞を使わない疑問文を間接話法で言い換える際、接続詞 se を使います。その一方で疑問詞が使われていれば、その疑問詞を使います。

Maurizio mi ha chiesto: "<u>Dove vai?</u>"

マウリツィオは私に「どこへ行くんだい？」と尋ねました。

⇒ **Maurizio mi ha chiesto dove andavo.**

（= Marurizio mi ha chiesto dove andassi.）

Lucia ha chiesto: "Sono andati?"

ルチーアは「彼らは行ったの？」と尋ねました。

⇒ **Lucia ha chiesto se erano andati.**

（= Lucia ha chiesto se fossero andati.）

● 命令文の書き換え

　主節の動詞が直説法の現在か未来の場合、命令法による直接話法は、「di＋不定詞」（もしくは「接続法現在」）で書き換えます。

La maestra dice: "Sbrigatevi!"　先生は「あなたたち急ぎなさい！」と言います。

⇒ **La maestra dice di sbrigarci.**

　一方、主節の動詞が直説法の過去時制の場合には、命令法による直接話法は、「di＋不定詞」（もしくは「接続法半過去」）で書き換えます。

Enzo ha detto: "Telefonami alle sei!"

エンツォは「6時に電話してきなさい！」と言いました。

⇒ **Enzo ha detto di telefonargli alle sei.**

★ 練習問題 1
　以下の直接話法の文を間接話法に転換しましょう（主節が現在）。

1) Maria dice: "Gioco sempre con il mio cane."

----

2) Federico e Roberta dicono: "Noi ci amiamo molto."

----

3) La professoressa dice: "Studiate i primi due capitoli per l'esame."

----

4) Yuki dice: "Quando ho tempo vado al cinema con il mio fidanzato."

----

5) Luca dice: "Rimango spesso qui in casa a giocare con i videogiochi."

★ 練習問題 2
　以下の直接話法の文を間接話法に転換しましょう（主節が過去）。

1. Kaoru ha detto: "Oggi rimango a casa."

----

2. Paola ha detto: "Ieri sono rimasta a casa."

----

3. Giorgio ha detto: "Mia madre stava male."

----

4. Yuri disse: "Cambierò lavoro!"

----

5. Gli avevo detto: "Vorrei dormire tranquillamente."

解答は P.231

まとめ（第**26**課から第**30**課）

【第 **26** 課】　他動詞を含んだ「…が〜する」という文の直接目的語を主語にすることで、「〜される（…によって）」という文にすることができます。前者を能動態、後者を受動態と言います。イタリア語の受動態は、「essere ＋過去分詞」か「venire ＋過去分詞」の形をとり、動作主が示される際には、前置詞 da を使います。そして、過去分詞の語尾は主語の性数に一致させます。「venire ＋過去分詞」の受動態は、複合時制では使えないので注意が必要です。この他、助言や勧告を示す際に使う「andare ＋過去分詞」（〜されるべきだ）や、「一般的に」といった意味合いを含んだ「代名詞 si ＋他動詞の３人称［単数・複数］＋名詞［単数・複数］」の形の受動態を使うこともあります。

【第 **27** 課】　主語を特に規定することなく「人」全般について表現する動詞の形、非人称形について学びました。非人称の表現は、「主語代名詞 si ＋動詞の３人称単数」の形で表します。これまで学んできた代名詞「si」には様々な役割があるため、どのような役割があるのかをしっかり整理することが大切です（文法の機能上は明確に区分できるが、意味の上からはどちらとも言えなくはないものもあるのでコラムも合わせて参照）。
　この他、非人称動詞と呼ばれるもの（主に天候を表す動詞）や、非人称構文についても学びました。

【第 **28** 課】　名詞や代名詞をフレーズ（節や句）で説明する際に必要となる関係詞について（本書では、関係詞と代名詞の機能を兼ね備えたもの「関係代名詞」について）学びました。説明を加える名詞や代名詞のことを先行詞と言います。イタリア語の関係代名詞には che, cui, il quale, chi, quanto [quanti, quante] などがあります。それぞれ特徴を持っており、関係節のなかで主語や直接目的語になれるもの（che）、間接目的語や状況補語になれるもの（前置詞＋ cui）、先行詞の性数を表せるもの（性・数の変化や前置詞との結合有り il quale）、先行詞を含むもの（chi や quanto [複数形では性の区別有り quanti, quante]）などがあります。

【第 **29** 課】 不定法のうち、不定詞とジェルンディオについて学びました。不定詞の用法については、動詞の原形のまま使うもので、前置詞を伴って表現されることが主ですが、文の主語になることもあります。また、「fare ＋不定詞」で使役の表現として、「lasciare ＋不定詞」で放任の表現として使うことができます。

　一方、ジェルンディオとは「動副詞」とも呼ばれるもので、動詞に副詞のような機能を持たせたものです。ジェルンディオの大きな働きとしては２つあり、ひとつは「手段」「時」「理由」「結果」「仮定」「譲歩」などを表す副詞節（ジェルンディオ節）を作れること、もうひとつは「stare ＋ジェルンディオ」の形で「今まさに〜している」といった進行形を作れることを学びました。

【第 **30** 課】 自分や他人の話したこと、考えたことを相手に伝える方法が話法です。話法には、話し手の言葉をそのまま伝える直接話法と、話し手の言葉を自分の立場から見た言葉に直して伝える間接話法とがあります。直接話法から間接話法に転換する際の基本的なルールを学びました。話法の転換では人称の変化、指示代名詞・形容詞の変化、場所や時を表す表現の変化の他、法と時制の変化（いわゆる主節の動詞との時制の一致）などが問題となります。平叙文、疑問文、命令文ごとに注意すべき点を整理することが大切です。

　これまでイタリア語の世界を、この手引きとともに旅して来た皆さん、おつかれさまでした。言葉のルールは、コミュニケーションを円滑に進めるためにたいせつなものです。基本的なことをまず確認したら、こんどは実際に言葉にふれながら定着させていきましょう。皆さんの興味のある分野、気になること（本を読んだり映画を見たり）を通して、イタリア語文法の世界を何度もめぐってみて下さい。皆さんの旅を豊かなものにするために、時にはこの本を頼りに、またある時にはガイドブックのようにして、必要に応じて活用してください。

練習問題の解答

第**1**課　［練習問題］1. 3. 4. 7.

第**2**課　［練習問題］1. una bocca, la bocca　2. un sole, il sole　3. un ananas, l'ananas　4. un'aranciata, l'aranciata　5. uno specchio, lo specchio　6. un caffellatte, il caffellatte　7. un hotel, l'hotel　8. una stazione, la stazione　9. uno yogurt, lo yogurt　10. uno zaino, lo zaino　11. una pizza, la pizza　12. un gelato, il gelato　13. una chiave, la chiave　14. un giornale, il giornale　15. un dizionario, il dizionario

第**3**課　［練習問題］bottiglia［女・単］ボトル→ bottiglie ／ vino［男・単］ワイン→ vini ／ piatti［男・複］皿→ piatto ／ spaghetti［男・複］→ spaghetti ／ vongole［女・複］アサリ→ vongola ／ porzione［女・単］一人前→ porzioni ／ frittura［女・単］フライ→ fritture

第**4**課　［練習問題1］① ［essere］sono, è, siete/ ② ［avere］hai, abbiamo, hanno　［練習問題2］1. Io　2. Lei　3. Voi　4. Noi

第**5**課　［練習問題］1. giallo　2. romane　3. italiani　4. blu　5. nere　6. giapponesi　7. italiano　8. rossi　9. Buon　10. bell'

第**6**課　［練習問題］1. meno, che　2. più, dell'　3. più, che　4. meno, di　5. miglior　6. tanto, quanto　7. bellissima　8. più, che　9. meno, che　10. come

第**7**課　［練習問題1］① mangio, mangia, mangiamo, mangiano ／ ② prendi, prende, prendete, prendono ／ ③ dormo, dormi, dormiamo, dormite ／ ④ capisco, capisce, capiamo, capiscono　［練習問題2］1. コーヒーを飲みます。　2. どこに住んでいるの？－東京に住んでいます。　3. 何時に寝るの？ － 10 時に寝ます。　4. 私たちは英語が分かりません。　5. 今晩、君たちは何を食べますか？

第**8**課　［練習問題］①行く：vado, va, vanno ／ ②飲む：bevi, beviamo, bevete ／ ③与える：dai, dà, date ／ ④言う：dico, dici, diciamo, dite ／ ⑤する：faccio, facciamo, fanno ／ ⑥知る：so, sai, sappiamo, sapete ／ ⑦いる：sto, stiamo, stanno ／ ⑧外出する：esco, esci, esce, uscite ／ ⑨来る：vengo, viene, veniamo, vengono

第**9**課　［練習問題］1 （la lezione が直接目的語）、2 （Paolo が直接目的語）、4 （la Galleria degli Uffizi が直接目的語）、8 （che non vuoi farlo が直接目的語）

第 **10** 課　［練習問題1］① posso, può, potete / ② vuoi, vogliamo, vogliono / ③ devo, deve, devono / ④ sai, sappiamo, sapete　［練習問題2］**1.** vogliono　**2.** Sai **3.** può　**4.** dovete　**5.** deve　**6.** puoi　**7.** vuoi, devi

第 **11** 課　［練習問題1］mia, miei, mie / tuo, tua, tuoi / suo, suoi, sue / nostro, nostra, nostre / vostro, vostra, vostri / loro, loro, loro　［練習問題2］**1.** i tuoi　**2.** il mio　**3.** nostra　**4.** La mia　**5.** Mio　**6.** il loro

第 **12** 課　［練習問題1］**1.** da + le / a + le　**2.** di + il　**3.** in + il　**4.** da + gli **5.** a + l'　**6.** su + l'　［練習問題2］**1.** in, con　**2.** alle　**3.** da　**4.** sul　**5.** Di, di

第 **13** 課　［練習問題］**1.** la　**2.** lo　**3.** le　**4.** li　**5.** ti　**6.** vi　**7.** lo　**8.** ce l'　**9.** lo **10.** lo

第 **14** 課　［練習問題1］**1.** Gli chiedo di venire domani.　**2.** Le telefono spesso. **3.** Gli piace l'Italia.　**4.** Gli voglio scrivere. / Voglio scrivergli.　**5.** Ti regaliamo un computer.　［練習問題2］**1.** te la　**2.** me lo　**3.** glielo　**4.** ve li　**5.** gliele

第 **15** 課　［練習問題1］① mi alzo, si alza, vi alzate, si alzano / ② ti metti, si mette, ci mettiamo, si mettono / ③ mi sento, ci sentiamo, vi sentite, si sentono / ④ te ne vai, se ne va, ve ne andate, se ne vanno　［練習問題2］**1.** Mi sveglio　**2.** Mi alzo **3.** Mi faccio　**4.** Mi asciugo, mi pettino　**5.** Mi vesto, mi trucco

第 **16** 課　［練習問題］**1.** sono arrivati　**2.** è diventata　**3.** ha avuto　**4.** abbiamo fatto　**5.** sono partite　**6.** hai mangiato　**7.** abbiamo guardato　**8.** Ha preso　**9.** è andata　**10.** hanno spedito

第 **17** 課　［練習問題］**1.** ci vado　**2.** Ne ho　**3.** ce l'ho messo　**4.** ci sono stata **5.** Ne mangiamo　**6.** c'è tornato　**7.** Ci abita　**8.** ne ho trovata　**9.** ci penso **10.** ne abbiamo

第 **18** 課　［練習問題1］① mangiavi, mangiava, mangiavamo, mangiavate / ② prendevo, prendevi, prendevamo, prendevate, prendevano / ③ dormivo, dormivi, dormiva, dormivamo, dormivano / ④ facevo, faceva, facevamo, facevate, facevano / ⑤ eri, era, eravate, erano　［練習問題2］**1.** ero, giocavo　**2.** lavoravo　**3.** preparavo, facevano　**4.** avevano　**5.** aspettava

第 **19** 課　［練習問題 1］① canterò, canterà, canteremo, canterete, canteranno / ② prenderai, prenderà, prenderemo, prenderete, prenderanno / ③ dormirò, dormirai, dormirà, dormirete, dormiranno / ④ avrò, avrai, avremo, avrete, avranno / ⑤ sarai, sarà, saremo, saranno　［練習問題 2］ **1.** Mauro partirà per Verona.　**2.** Gli spedirò un'e-mail.　**3.** Saranno le 10.　**4.** Ieri sera avrò bevuto troppo.　**5.** Domani mi alzerò alle cinque.

第 **20** 課　［練習問題 1］① vissi < vivere (io) / ② feci < fare(io) / ③ conobbi < conoscere (io) / ④ aiutai < aiutare (io)　［練習問題 2］ **1.** ebbe capito, telefonò　**2.** ebbi visitato, partii　**3.** fu partito, mi accorsi　**4.** ci fummo riposati/riprendemmo

第 **21** 課　［練習問題］ **1.** passare　**2.** Giri　**3.** servite　**4.** abbia　**5.** si ricordi　**6.** Andiamo　**7.** lavati　**8.** beva（もしくは prenda）

第 **22** 課　［練習問題 1］① canterei, canterebbe, canteremmo, cantereste, canterebbero / ② prenderesti, prenderebbe, prenderemmo, prendereste, prenderebbero / ③ preferirei, preferiresti, preferirebbe, preferireste, preferirebbero / ④ avrei, avresti, avremmo, avreste, avrebbero / ⑤ saresti, sarebbe, saremmo, sarebbero　［練習問題 2］ **1.** potrei　**2.** saprebbe　**3.** potresti　**4.** Vorrei　**5.** aiuteresti　**6.** potrebbe

第 **23** 課　［練習問題］ **1.** perda　**2.** comincino　**3.** arrivi　**4.** venga　**5.** pulisca　**6.** cucini　**7.** sia scappato　**8.** abbia avuto　**9.** ha sbagliato（直説法）　**10.** abbiano fatto

第 **24** 課　［練習問題］ **1.** mangiassi　**2.** sapesse　**3.** fossero　**4.** fosse successo　**5.** si lasciassero　**6.** vedessi　**7.** desse　**8.** avessi, conosciuto　**9.** ti fossi persa　**10.** fosse finito

第 **25** 課　［練習問題 1］ **1.** ci fosse, arriverei　**2.** fossi, avrei　**3.** giocherebbero, piovesse　**4.** uscissi, avresti　**5.** Mi comprerei, vincessi　**6.** partissi, arriveresti　**7.** avessimo, daremmo　**8.** telefono, verrà　［練習問題 2］ **1.** avessi telefonato, avrei invitato　**2.** avessimo saputo, avremmo accompagnato　**3.** avessi imparato, ti divertiresti　**4.** fosse piovuto (avesse piovuto), saremmo andati/e　**5.** avrei preso, avessi studiato

第 **26** 課　　［練習問題 1］ **1.** Questo pomeriggio Giorgio è stato fermato da un vigile.　**2.** La cappella degli Scrovegni è stata affrescata da Giotto.　**3.** Il nostro volo è pilotato（もしくは viene pilotato）dal comandante Yoshida.　［練習問題 2］ **1.**

Leonardo Da Vinci ha dipinto "La Gioconda".　**2.** I napoletani hanno invantato la pizza margherita.　**3.** Il governo cambierà l'imposta sui consumi in aprile.
[練習問題3] **1.** Questo cibo va conservato da da 0°a + 5°C.　**2.** Il biglietto dell'autobus va timbrato prima di salire.　**3.** La tesi va presentata entro l'8 marzo.

第**27**課　　[練習問題1] **1.** si è gentili　**2.** si vive tranquilli　**3.** Si sbadiglia　**4.** Ci si diverte　**5.** ci si è stancati　　[練習問題2] **1.** si festeggia　**2.** si è pronti　**3.** si preparano　**4.** ci si allena　**5.** si mangia

第**28**課　[練習問題] **1.** Chi　**2.** quanto　**3.** cui　**4.** quali　**5.** che　**6.** cui
＊6番の in cui は、関係副詞 quando で言うことができます。

第**29**課　　[練習問題] **1.**（バスや路面電車などの表示で）降車禁止　**2.**（バスや路面電車などの表示で）乗車禁止　**3.** 携帯電話使用禁止　**4.**（ホテルの部屋に掛けるタグで）起こさないでください　**5.**（駅のホーム表示で）線路上の横断禁止　**6.**（バスや路面電車などの表示で）黄色の部分に立たないこと　**7.** ここを押す　**8.** 騒音を出さない　**9.** 安全ベルトを着用のこと　**10.** 喫煙禁止（禁煙）

第**30**課　[練習問題1] **1.** Maria dice che gioca sempre con il suo cane.　**2.** Federico e Roberta dicono che loro si amano molto. / Federico e Roberta dicono di amarsi molto.　**3.** La professoressa dice di studiare i primi due capitoli per l'esame.　**4.** Yuki dice che quando ha tempo va al cinema con il suo fidanzato.　**5.** Luca dice che rimane spesso lì in casa a giocare con i videogiochi.　[練習問題2] **1.** Kaoru ha detto che quel giorno rimaneva a casa.　**2.** Paola ha detto che il giorno prima era rimasta a casa.　**3.** Giorgio ha detto che sua madre stava male.　**4.** Yuri disse che avrebbe cambiato lavoro.　**5.** Gli avevo detto che avrei voluto dormire tranquillamente.

本書は、2014年9月に『解説がくわしいイタリア語入門』として小社から刊行されました。

著者略歴
森田学（もりた・まなぶ）
声楽家、声楽指導者。現在、昭和音楽大学准教授、東京藝術大学大学院オペラ科非常勤講師、サントリーホール オペラ・アカデミー講師としても後進の指導にあたっている。
専攻は声楽（実践）および音楽学（音楽作劇法）、特にオペラを含む声楽曲の作られ方と演奏表現の関わりについて、理論と実践の両面から研究している。
主な業績に、『オペラ事典』共同監修（東京堂出版、2013年）、『イタリアのオペラと歌曲を知る12章』編著（東京堂出版、2009年）、『イタリアの詩歌』共著（三修社、2010年）、『イタリア語のルール』『イタリア語のドリル』（白水社、2018年）、『トスティ ある人生の歌』翻訳（東京堂出版、2010年）、論文「コンメーディア・リーリカ『つばめ』の台本解釈」（『イタリア学会誌』第60号）などがある。

解説がわかりやすいイタリア語文法

2024年6月5日　印刷
2024年6月25日　発行

著　者 © 森　田　　　学
発行者　岩　堀　雅　己
印刷所　株式会社ルナテック

発行所
101-0052 東京都千代田区神田小川町3の24
電話 03-3291-7811（営業部）、7821（編集部）
www.hakusuisha.co.jp
株式会社　白水社
乱丁・落丁本は送料小社負担にてお取り替えいたします。

振替 00190-5-33228　　Printed in Japan　　加瀬製本

ISBN 978-4-560-09973-5